国家地理系列

人一生要去的

100个地方 中国篇

《图说天下·国家地理系列》编委会 编著

北京联合出版公司

图书在版编目（CIP）数据

人一生要去的 100 个地方．中国篇 /《图说天下．国家地理系列》编委会编著．—北京：北京联合出版公司，2012.5（2025.7 重印）

（图说天下．国家地理系列）

ISBN 978-7-5502-0753-0

Ⅰ．①人… Ⅱ．①图… Ⅲ．①旅游指南－中国－通俗读物 Ⅳ．① K919-49

中国版本图书馆 CIP 数据核字（2012）第 117566 号

人一生要去的100个地方

中国篇

NATIONAL GEOGRAPHY COLLECTIONS

北京联合出版公司出版
（北京市西城区德外大街 83 号楼 9 层　100088）
北京天宇万达印刷有限公司印刷　新华书店经销
字数100千字　787×1092毫米　1／16　12印张
2012年6月第1版　2025年7月第14次印刷
ISBN 978-7-5502-0753-0
定价：19.90元

FOREWORD

前言

◎香格里拉

出于一种好奇的习惯，我们内在的眼睛常常越过身体所在的位置向外观望，有时是无尽的天空，有时是涌动的汪洋，还有时是风沙弥漫的广漠。灵魂因为太入迷而走失在这片奇妙视域的尽头，一些问题开始没有头绪地跃然脑际——在世界的另一边，会有什么样子的山川？人群又怎样？在他们的信仰里，住着怎样的神明？

居于一隅，却可以凭心情在世界版图上幸福行走的人生是快乐的。且不说地球46亿岁的高龄可以换算成人类的几度轮回，单单看它一路奉上的绝世珍品，就够我们用呼吸、用心灵、用梦想去追逐、去探寻、去回味了。所以，我们应该再把脚步放缓些，放轻些，因为，自然的神奇是无限的，总在不经意之间给我们制造一些或大或小的惊喜——除却这些人人耳熟能详的经典坐标，其实，我们的前方还无限广阔，100、1000，甚至更多的地方，等待我们去放飞梦想。于是，就有了这辑《人一生要去的100个地方》。

本书共分为两卷，分别向心怀远方的人们提供了100处中国和全世界值得远游、值得驻足的风景。这些文字或许不是最美丽的，最美丽的文字存乎突然涌上人们心头的感动；这些图片或许也不是美丽的，最美丽的图片存乎人们面对着风景时候的眼睛。书籍仅仅如同一粒种子，从它的胚芽上就可以看见旺盛的绿色；仅仅是一张车票，从这一刻你要踏上新一站的旅程；或者说梦想并不在封闭的屋子里面凭空制造，当它不经意地敲响了你的屋门，而这本书则是让你洞察并靠近梦想的一扇窗口。

目录

contents

Chapter 01 坐看红树不知远

——13处最宜人的世外桃源

Chapter 02 造化钟神秀

——11处不可错过的大地杰作

Chapter 03

我本楚狂人

——10个最适合探险的地方

95~132

contents

Chapter 04 此情可待成追忆

——8个最适合怀旧的地方

Chapter 05 雕栏玉砌应犹在

——8处最该领略的先人瑰宝

Chapter 01

坐看红树不知远

——13处最宜人的世外桃源

〔香格里拉〕
〔九寨沟〕
〔西双版纳〕
〔阳朔〕
〔西湖〕
〔洱海〕
〔稻城〕
〔婺源〕
〔伊犁〕
〔扎龙〕
〔大兴安岭〕
〔卧龙〕
〔呼伦贝尔草原〕

Xianggelila

寻找消失的地平线

香格里拉

选择它的理由

香格里拉显然是不属于人间的，它是一方七色乐土，丰裕恬美，让你膜拜顶礼；它是一座旷古迷境，梦幻神奇，让你痴醉沉迷；它是一片离尘净土，纯朴透明。美丽、明朗、安然、闲逸、悠远、知足、宁静、和谐……城市之外、乡村之外、文明之外，终归是红尘之外的香格里拉，天蓝水幽云淡的世外桃源，在层层叠叠的怀旧的暗金色氛围中，沐浴着远古纯净的光辉，洋溢着原初圣洁的意韵。

1933年，詹姆斯·希尔顿在其长篇小说《消失的地平线》中，首次描绘了一个远在东方群山峻岭之中的永恒、和平、宁

静之地——“香格里拉”：皑皑的雪山、广阔无垠的草原、鲜红的莨菪花、神秘的喇嘛寺院、波光粼粼的湖泊和与世无争的村庄……这个只有在天堂能出现的地方就是中国云南迪庆藏族自治州。香格里拉在藏语意为“心中的日月”，它源于唐宋时期建置的“月光城”和“日光城”，日月两城遥相辉映，千古流传，成为佳话。

从岁月深处走出的香格里拉并不遥远，她就是我们的家乡。那里四季常青，那里鸟语花香，那里没有痛苦，那里没有忧伤，那里传说是神仙居住的地方……走进香格里拉就走近了生命的本质，还原了世俗的一切。在这片宁静的土地上，苍穹湛蓝明净、草甸茂盛多彩、湖水澄明清澈，村户炊烟、帐篷牦牛处处风光绝丽，雪山、湖泊、神圣的寺院、纯朴的康巴人犹如颗颗璀璨的明珠，在那片神秘美丽的土地上，交相辉映、熠熠闪光……

夹在山脉之间的坝子连绵不断地向前延续着，层层叠叠开垦在山坡上的嫩绿田园，不时在半山腰弯出一道道优美的弧线；碉楼式的藏式建筑随意点缀在丰收的田野里。高大笔直的冷杉、云杉直入云霄，林间清澈见底的溪水，草原上漫山遍野地盛开着各种色彩的小花，草甸上悠闲吃草的牦牛、牧马和羊群，放牧藏民

香格里拉纳西村的老人站在他晒的烟叶前，满脸洋溢着丰收的喜悦和满足的笑容。

INFORMATION

Location 地理位置

位于云南省西北部迪庆藏族自治州，金沙江、澜沧江中上游，北接西藏昌都地区，东邻四川甘孜藏族自治州，南与丽江地区毗邻，西与怒江州相连。迪庆的自然地理特点可以概括为“三山两江一坝”。“三山”，即怒山山脉、云岭山脉、雪山山脉，纵贯南北，平行并列；梅里雪山、白茫雪山、哈巴雪山三山耸立于群峰之上。“两江”，即金沙江、澜沧江；“一坝”，即大小中甸坝子。

Climate 气候特征

垂直气候明显，平均气温低，日照时间长，昼夜温差大。年平均气温5.4℃。

Best Choice 最佳推介

时间：5、6月份

心情：纯净平和

旅伴：爱人

迪庆依拉草原的玛尼堆与白塔

脸上纯朴而明媚的笑容，一切都好像静止在画中一样。你的来，你的去，都完全不会改变它们平静的世界。高高悬挂的经幡随风飘动，当地的喇嘛念念有词，脸上写满神圣的神情……这里没有纷争、没有罪恶、没有欲念、没有虚伪。大约只有那么纯净的地方，才会生出那样纯净的心来。伫立在湖边，只想让生命在这里简简单单却也永永远远地延续下去。

香格里拉不会把美丽专属于一个地方，它将人们的幻想实现在各个角落。高原之地湖水空灵，一颗颗蓝宝石一样的高山湖泊掩映在雪山林海深处，高山临湖，湖映山影。那一泓泓碧水幽深宁静，清澈凛冽。走在高原上你会被许许多多不知名的湖泊征服，这些湖泊有的圆若明镜，有的弯似月牙，有的长似游鱼，有的似珠玉成串，有的水色深沉似无底

不可不看的地方

look

噶丹松赞林寺：

又称为“归化寺”，距香格里拉县城5千米。该寺为云南规模最大的藏传佛教寺庙，被誉为“小布达拉宫”。屋顶属新金瓦殿，金光闪耀，灿烂夺目，“远近百里如见佛光”。

look

虎跳峡：

金沙江从石鼓镇突然急转北流约40千米后，在香格里拉县虎跳峡镇闯进玉龙雪山和哈巴雪山之间，形成一个世界上最窄、最险的大峡谷——虎跳峡。虎跳峡分为上虎跳、中虎跳、下虎跳3段，共18处险滩。

深渊。它们是高原上的精灵，只属于苍茫和寥廓的大地。

香格里拉显然是不属于人间的，它是一方七色乐土，丰裕恬美，让你膜拜顶礼；它是一座旷古迷境，梦幻神奇，让你痴醉沉迷；它是一片离尘净土，纯朴透明。美丽、明朗、安然、闲逸、悠远、知足、宁静、和谐……城市之外、乡村之外、文明之外，终归是红尘之外的香格里拉，天蓝水幽云淡的世外桃源，在层层叠叠的怀旧的暗金色氛围中，沐浴着远古纯净的光辉，洋溢着原初圣洁的意韵。这是人类理想的归宿，梦想中的世外桃源，它收留了无数迷路的孩子，指点他们找到了“心中的日月”。

香格里拉，那人间的天堂，又何必止步于一个地方，其实，它源自所有人心中最宁净圣洁的那片思想，它如同阳光一直都在，只是需要我们去用心寻找。

湖泊犹如明珠，铺洒在这片美丽的土地上，与周围红艳艳的植物相得益彰。

Jiuzhaigou

此景只应天上有

九寨沟

选择它的理由

九寨沟的色彩，缤纷、奇特、变幻无穷；九寨沟的水景形态极美，湖、瀑、滩、泉，异彩纷呈，收尽天下水景之美态。九寨沟，一个五彩斑斓、绚丽奇绝的瑶池玉盆，一个原始古朴、神奇梦幻的人间仙境，一个不见纤尘、自然纯净的"童话世界"！

每个人的内心都充满了对童年的怀念，都隐藏着一个童话世界。如果你走进九寨沟，相信你的内心就会得到释放，因为那是个自由澄净的世界。

九寨沟，山水相依，水树交融，动静有致。这里山清水秀，湖、瀑一体，山、林、云、天倒映水中，更添水中景色。水色使山林更加青葱，山林使水色更加娇艳。梯湖水从树丛中层层跌落，形成林中瀑布，湖下有瀑，瀑泻入湖，湖瀑孪生，层层叠叠，相衔相依。宁静翠蓝的湖泊和洁白飞泻的瀑布构成了静中有动，动中有静，动静结合，蓝白相间的奇景。远望雪峰林立，高耸云天，终年白雪皑皑，加上藏家木楼、晾架经幡、栈桥、磨坊，显现自然的美，令人遐想无限。九寨沟的雪峰、彩林、翠海、叠瀑和藏族风情被称为“五绝”。

九寨沟的春天，冰雪消融，春水泛涨，山花烂漫；夏天，九寨沟掩映在苍翠欲滴的浓荫之中，流水梳理着翠绿的树枝与水草，银帘般的瀑布抒发四季中最为恣意的激情；秋天是九寨沟最为灿烂的季节，五彩斑斓的红叶、彩林倒映在明丽的湖水中，缤纷的落英在湖光流韵间漂浮；冬天，九寨沟变得尤为宁静，尤为充满诗情画意，山峦与树林银装素裹，瀑布与湖泊冰清玉洁，湖面的冰层在日出日落的温差中，变幻着奇妙的冰纹。

九寨沟的湖泊很具特色，湖水终年碧蓝澄澈，明丽见底，而且随着光照变化、季节推移，呈现不同的色调与水韵。秀美的，玲珑剔透；雄浑的，碧波不倾；平静的，招人青睐。每当风平浪静，蓝天、白云、远山、近树，倒映湖中，“鱼游云端，鸟翔海底”的奇特景色层出不穷，水上水下，虚实难辨，梦里梦外，如幻如真。

九寨沟沟口至荷叶坝7000米处为九寨沟的序幕，林木葱茏，溪流欢唱，芦苇丛生，鸟语花香。荷叶坝到树正景区，空间顿开，奏起了景观序列中的第一乐章。金光灿灿的火花湖，多姿多彩的盆景滩，神奇诡秘的卧龙湖，大小19个碧树相绕、群瀑飞泻的树正群湖和树正群瀑，原始水磨和小木桥点缀其间的树正滩流和高25米、宽82米，似白练从空中降落的树正瀑布，呈现在眼前，使人目不暇接，惊叹大自然造景之神奇。

色彩绚丽的红叶与背景上银光闪烁的雪山，给人以强烈的视觉冲击。

从树正景区上行为清澈透明、水面宽阔的犀牛湖，给人以美丽而宁静的感受。过了犀牛湖，宽阔的诺日朗瀑布似悬挂于绿色树林中的白色幕帘，展开了乐曲的精彩华段。四周群山环抱，雪峰皑皑，森林茂密，壮观绮丽。镜湖水平如镜，蓝天、雪峰、远山、近树尽纳湖中，景色奇幻。五

INFORMATION

Location 地理位置

位于四川省西北部的阿坝藏族羌族自治州境内的九寨沟县中南部，距成都市区400多千米，与甘肃省接壤。因沟内有荷叶、树正、则查洼等9座藏族村寨而得名。沟内有大大小小118个高山湖泊，它们星罗棋布地点缀其中。

Climate 气候特征

属高原湿润气候，山顶终年积雪。春天气温较低而且变化较大，平均气温多在9～18℃。夏季气温回升且较稳定，平均气温19～22℃。秋季气候宜人，但昼夜温差很大。冬季较寒冷，气温多在0℃左右。九寨沟降雨较少且多集中在7～8月。

Best Choice 最佳推介

时间：5~10月

心情：美妙纯净

旅伴：家人、爱人、伙伴

花海的湖水最为艳丽，五彩斑斓，似色彩鲜艳、变幻莫测的万花筒。五彩池池水翠蓝，犹似镶嵌于墨绿色森林中的瑰丽宝石。天鹅海和草海的碧水、清溪、草滩、鲜花在岩壁和森林的映衬下，更显得原始、自然、幽深、宁静，置身其中，如入“仙境”。这是乐章中的高潮。

在九寨沟里，沿着水流步行是一种无与伦比的美妙享受。从皑皑的积雪到淙淙的溪水，从纷乱的瀑布到静守的湖泊，无论多么清纯的溪流，走的也是如大江大河一样坎坷的生命之路，在九寨沟当你看见水穿林过滩悠悠地流来时，那种纯净的颜色让你的心都醉了。

犀牛海是九寨沟内景色变化最多的海子，其倒影似幻似真，与天地、树林连成一体，绵软的水草只需轻轻抖动几下腰身，就让那蓝和绿幻化出无限神秘。

九寨自古多倾城，倾城之下坎坷生。或许是因为九寨太美了，美得连苍天都要嫉妒。2017年8月8日，一场突如其来的地震重创了九寨沟。地震震源很浅，震级高达7级，地震之后，曾经的人间仙境瞬间被打落凡尘。火花海、五花海受损，湖水变得混浊不堪；诺日朗瀑布坍塌，不复旧观；其他大部分海子也遭到了不同程度的损伤。那一刻，伤痕累累的九寨沟成了世人心中的伤痛。或许无须多年，九寨沟便又能令世界惊艳。

九寨沟的海子，终年碧蓝澄澈，明丽见底
海子中的鱼儿在落叶间嬉戏

五彩风情

西双版纳

选择它的理由  

野象、孔雀、竹楼、神秘的雨林、婀娜的傣家风情、月光下的凤尾竹，还有那掩映在凤尾竹下的庄严佛塔……这就是西双版纳，绚丽而又纯净。来到西双版纳，你会被一种莫名的震撼所俘获，久久不能忘怀。

有人说，任何地方都有自己的色彩，色彩中沉浸着它的故事。野象、孔雀、竹楼、神秘的雨林、婀娜的傣家风情、月光下的凤尾竹，还有那掩映在凤尾竹下的庄严佛塔……这就是西双版纳的色彩，绚丽而又纯净。来到西双版纳，你会被一种莫名的震撼所俘获，久久不能忘怀。

西双版纳，傣语意为“理想而神奇的乐土”。根据2000年第五次全国人口普查统计，在这片乐土上居住了40多个少数民

族，除傣族外，这里还聚居着哈尼、布朗、基诺、拉祜、佤、瑶族……他们的生活方式和奇特的风情，实在是一种诱惑。每到周末，这些少数民族与傣族人一起肩挑或怀抱着一摞摞的货物到集市上换购。少女们脚穿半高跟皮鞋，身上大红大绿，手中再举把色彩鲜艳的遮阳伞。未婚的把乌黑长发编成辫子，已婚的要歪盘着头发，在鬓角插一枝散发着香味的鲜花。明快的铃声，五彩的服装，精致的佩饰，那时整个西双版纳在万重青山绿水之间，便成为一片流动的鲜艳海洋，正如这里四季不变的阳光，充盈着最明媚的色彩。如果非要归属一个颜色，就是温柔甜美的橙色。

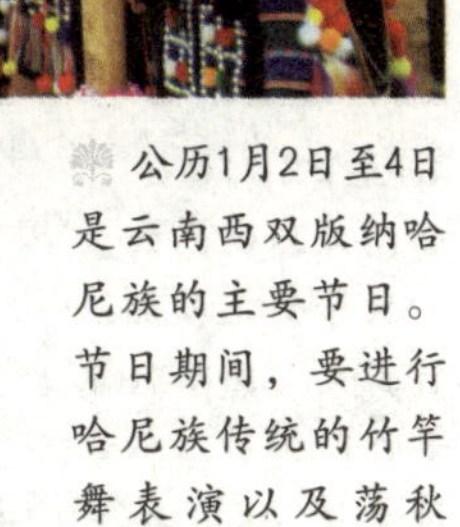
公历1月2日至4日是云南西双版纳哈尼族的主要节日。节日期间，要进行哈尼族传统的竹竿舞表演以及荡秋千、射弩等比赛。

傣族是西双版纳人口最多的少数民族。精巧的竹楼、优美的孔雀舞、婀娜的傣族少女……一个梦幻之地的梦幻，是多少人前往西双版纳的情动之因。傣家人世世代代傍水而居，小溪两旁，大河两岸，湖沼周围，一幢幢鳞次栉比的傣家竹楼绿树蓊郁。当你跨进这竹楼涌绿、篱笆环环、村道如肠的地方，就仿佛跨进了另一个世界，也许是村民贪恋宁静的缘故，从古到今，他们始终与外界保持着一段距离，款款往来于田野、草地、果林、菜畦……他们连走路也都是小心翼翼的样子，生怕惊扰了这片沃土神秘的梦。

不可不看的地方

look 1

勐仑热带植物园：

坐落在湄公河之流罗梭江心的葫芦岛上，占地9平方千米，规模相当壮观，已有数千种奇花异树在这里安了家。植物园中囊括了几乎所有的热带植物。

look 2

罗梭江：

汹涌澎湃的澜沧江流经勐仑镇和关累镇汇成的一条多情的支流。这条河流进入美丽的西双版纳后，多在高山峡谷和热带雨林中穿行。由于逶迤在深山密林中，河床切割最深，人们便称她为“绿野蛟龙”。

INFORMATION

Location 地理位置

西双版纳风景名胜区位于云南省南部，西双版纳傣族自治州境内，距昆明740千米。

Climate 气候特征

西双版纳属热带雨林气候，日照充足，雨量充沛。冬无寒潮大风，夏季无台风暴雨。年平均气温在21℃。

Best Choice 最佳推介

时间：11月至次年的4月

心情：轻松愉悦

旅伴：爱人、朋友

有人说来西双版纳不到热带雨林，就不会知道树木生长的无穷生机和浑然天成的奇趣。热带雨林是大自然精心打造的幽堡，毫无尘染的绿色，使人物我两忘、情归自然。雨林里总有浓浓的雾气，犹如露水一般，轻得像乳白色的薄纱，这就是传说中的“雾露”。每当夜幕降临至次日晨曦微露，雨林里的雾露发出“沙沙沙”的响声，一路由远及近。汇集在叶片上的雾露顺叶尖滴落，滴滴答答，犹如一场小雨。一株株参天巨树拔地而起，直刺苍穹，林中到处是藤树相缠，盘根错节，荆棘丛生。高高的树

具有浓郁民族风情的傣族村寨掩映在热带丛林中，在夜色下显得静谧而别具风情。

泼水节是傣族最隆重的节日。节日清晨，傣族男女老少都穿上节日盛装。在傣族人看来，水是圣洁、美好、光明的象征。泼水的习俗实际上已成为人们相互祝福的一种形式。

冠上，各类飞禽在不停啼叫，密林深处不时传来阵阵猿鸣。漫步林间，多年积下来的落叶，松软而芬芳，脚踏上去，便是深深的陷窝。炙热的阳光一改常态，穿过疏密相间的枝叶点滴漏下，在地面留下了斑驳的圆晕。

此时的西双版纳是绿色的，行走在其间，浓浓郁郁的苍翠让你分不清哪是天空哪是远方，连自己也醉在了这苍茫中。那一片片傣家竹楼、哈尼山寨、布朗村落、基诺长房……就掩映在这苍翠欲滴的绿色之中。

夜晚，轮廓模糊的山峦，温馨玉立的竹楼，婀娜多姿的植物浸泡着清亮的月光，村寨梦一样飘在水上，此时西双版纳是银白色的，清新纯净，又不失古朴。

离泰国、缅甸很近的西双版纳充满了佛风，古老而巨大的菩提树下，有一座庄严而精美的佛寺，金光闪闪，幡帘飘拂。阵阵花儿的幽香随风送来。佛塔寺庙与傣家竹楼、翠竹、古木交相掩映，一派神圣景象。

乘坐竹筏漂流在澜沧江上，江面忽而宽阔平静、忽而激流汹涌，排头的傣家小伙与排尾的小姑娘对着情歌。这边“有一个美丽的地方，傣族人民在这里生长……”那边“有一个美丽的地方，那里彩云在飘荡……”青山葱茏，绿水悠然。

西双版纳的色彩没有功利、没有浮躁，经历了世俗风尘浸染的都市中人，置身于这样的色彩中，会蓦然发现——纯真依旧。

水墨桃源

阳朔

选择它的理由

阳朔的时光是悠闲的。阳光下，百年的青石板路上，不同肤色的人，怀着相同的梦想走到这里，享用这份特有的悠闲。沿着小巷矗立着一排排青砖老房，随处可见的斑驳腐朽的木质和长满青苔的青黑瓦片上流露着岁月的痕迹。

一个人的旅行是孤单的，可阳朔不同，阳朔是小资的天堂，是一个制造梦幻的地方，是一个每个角落都弥漫着故事和情事的圣地。阳朔欢迎只身前往，来到一个与现实生活不相干的世界，任你做你想成为的主角。在那里你不一定有艳遇，但是一定会沉醉于它的闲散，流连于它的浪漫，忘情在山水之间。

阳朔的时光是悠闲的。阳光下，百年的青石板路上，不同肤色的人，怀着相同的梦想走到这里，享用这份特有的悠闲。沿着小巷矗立着一排排青砖老房，随处可见的斑驳腐朽的木质和长满青苔的青黑瓦片上流露着岁月的痛迹。千年古镇安宁祥和、无欲无求，怪不得当年徐悲鸿先生会在这里留下在那美丽的山水之间有一桃源深处的感慨。骑上单车，穿梭在古镇中，在精致的岩石情怀中，小路蜿蜒向前，绿色的山峦重重叠叠，担心没有尽头时，便会柳暗花明又一村。在这里，只想放歌，让歌声飘在天际。平日种种压力与不快，这个时候都逃之夭夭了。路边一架巨大的水转筒车，吱吱呀呀地摇着岁月，也吟唱着乡村古老的歌谣。远方群山滴翠，村树含烟，阡陌纵横，屋宇错落，宛若陶渊明笔下“有良田美池桑竹之属”的桃源画境。

阳朔境内的漓江是最美的一段风景，来到这可要极力张望，张望这画家笔下最爱的景致。群山静静地伫立，悠然地吮吸着清澈碧透的江水；陡壁上两只蝙蝠展翅欲飞翔，旁边一朵碧莲尽情绽放……奇峰间怪石嶙峋，溶洞高悬，暗河幽深，叫人叹为观止，真可谓百里漓江，百里画廊。

“锦石奇峰次第开，清江碧溜百千回。问余半月行何事，日读天然画本来。”阳光透过白云的遮挡照到原本一色的山上，便生出许多层次来，层层变换的山色又折射到水面上，再映到人的眼底。驻足的人便醉了，身躯也融入山水画卷中，久久不忍离去。江水是碧绿的绿茶的颜色，坐在江边便觉清爽。江面虽然宽，水流却不急，仿佛也感染了这里的闲散气氛，绊住了脚，不忍向前了。傍晚如诗如画的漓江生起了一层水雾，薄纱般笼罩在江面，氤氲水汽让人仿佛置身仙境。

躺于竹筏上，随心漂流在漓江，水清澈透亮，鱼儿闲游，水筏飘摇。微风拂过水面，泛起阵阵涟漪，两岸山峰清秀迤逦，绿草如茵，阵阵鸟鸣，少有人烟，心会像一只“久在樊笼里，复得返自然”的小鸟一般惬意和欢欣。尽情享受宁静的河流，享受牧

漓江畔的渔民和他们饲养的鱼鹰

桂林龙胜梯田，如链似带，从山脚盘绕到山顶。

歌般的田园，享受时间似乎停滞了的感觉，偶尔冲下小水坝，让你平静中也有欢笑。大自然清新博大的怀抱会使人尘虑尽涤，俗念顿消。

有人说阳朔山水在兴坪，兴坪渔村漓江环绕，青瓦泥墙，竹篱菜畦，鸡犬之声清晰可闻。不时可见三三两两的浣衣女手持棒槌在青石板上敲出古老的韵律。田间的农人赤脚穿行在阡陌中，顽皮的儿童嬉闹在屋前的空坪上，江面隐约可见捕鱼的竹筏，飘然往来，

不可不看的地方

look 1

黄布倒影：

昔日江底黄沙沉积，像块大大的黄布铺在河床上，所以叫“黄布倒影”。此景颇负盛名，中国驻联合国总部大使馆挂着代表中国自然景观的巨画就是“黄布倒影”。

look 2

兴坪：

一个名副其实的古镇，光洁的青石板路、唐宋戏台、明清建筑、熙平县遗址、神庙废墟等，向人们展现兴坪古镇深厚的历史文化底蕴。

更有捕鱼的老翁，叼一管烟斗，悠悠坐在竹筏上，在云影中随波逐流。搬一方小凳坐到丝瓜藤下，空气中弥漫着柚子的清香，心情是晃晃悠悠，孤寂的灵魂终于在此刻得到了宁静与解脱。

阳朔不大，一条西街诠释着阳朔的别样风情。西街不过是最传统的南国小镇街道，从这头到那头不过517米，地上铺的石块已经有很久的历史了。西街已经成为一个传奇，外国人成群结队地来这里寻找最古老的中国，而中国人来这儿却以为出了国。沿街的各色酒吧满街满墙都是关于中国的英文书，土制的吊灯、洋人画的壁画、手工的簪子、迷人的蓝调、纯粹的中国茶、地道的蓝山咖啡……在那里每天发生着浪漫的邂逅。西街是属于前世的记忆，再没有地方能比西街更加切合小资的理想了。

山水相依的缠绵悱恻在阳朔发挥到了极致，忘情山水中如果累了，到西街随便找个酒吧在角落坐定，要杯咖啡，与案边的杂志一同丢给阳朔的时光。阳朔欢迎你只身前往，只是别忘了把心带走。

INFORMATION

Location | 地理位置

阳朔位于广西壮族自治区东北部，桂林市区南面，属桂林市管辖。县城距桂林市区65千米。建县始于隋朝，距今已1400余年。全县总面积1428平方千米。

Climate | 气候特征

阳朔气候属于亚热带季风区，热量丰富，雨量充沛。年平均气温为19℃，日照充足，年平均降雨量1640毫米。

Best Choice | 最佳推介

时间：四季均可，尤以4月、9月为佳

心情：悠闲期待

旅伴：一个人，说不定某个转弯处就会有美好的相遇

阳朔兴坪大河背的漓江湾，江似青罗带，山如碧玉簪。

水光山色两相宜

西湖

选择它的理由

西湖的美丽是柔弱的，不然苏东坡也不会把它比作“浓妆淡抹总相宜”的西子。西湖犹如一个温婉的女子，柔弱而安定地包容着世间的一切。西湖的美丽是纯净的，就像一位素面女子，不需要雕饰，清新天然就已然胜过万种风情。西湖注定是一位绝色女子。

只因山与水的结合，历史上众多的文人墨客便醉在了西湖的怀中。

山是青翠的，水是温婉的，西湖的山和水相濡以沫，水在山中，山在水中。西湖中的绿水，波平如镜。环湖的绿荫丛中，隐现着数不清的楼台亭榭，近处水波潋滟，游船点点，莺飞草长，苏白两堤，桃柳夹岸，林泉幽美。远处是云山逶迤，雾霭漫漫，青黛含翠，峰奇石秀。在这种美景之下，在湖畔捧一杯龙井茶，悠悠地欣赏着美丽的湖、湖上的桥、桥上的人……这份闲情和惬意岂是别处可以寻得？“未能抛得杭州去，一半勾留是此湖”，不论是多年居住在这里的人还是匆匆擦肩而过的旅客，无不为这天下无双的美景所倾倒。

西湖之美，自古难言，深得西湖之真谛的苏东坡亦言“西湖天下景，游者无愚贤，深浅随所得，心知口难传”。欲领略西湖之美，唯“品”之才能得其一二。“品”西湖需多角度方可解其神韵：平望、鸟瞰、远眺，岸边、桥上、亭中、台前、楼下。西湖十景是不能不游的，十景分别是：断桥残雪、苏堤春晓、三潭印月、曲苑风荷、平湖秋月、柳浪闻莺、花港观鱼、雷峰夕照、双峰插云、南屏晚钟。十景各擅其胜，组合在一起又能代表古代西湖胜景精华，半醉烟波之间，一片水波潋滟之景，可谓“岸上湖中各自奇，山觞水酌两相宜。只言游舫浑如画，身在画中原不知”。

西湖的美在于晴中见潋滟，雨中显空濛。无论晴阴雨雪，在落霞、烟雾下都能成景；春日里烟柳笼纱，夏日里接天莲碧的荷

西湖涌金门，铜牛卧于水中，岸边杨柳依依，湖水清潋荡漾。

不可不看的地方

look

1 苏堤：

为苏东坡所建，横贯西湖南北。南北两头分别是“曲院风荷”与“花港观鱼”。堤上有石拱桥6座。每当晨光初启，宿雾如烟，湖面腾起薄雾时，便出现“六桥烟柳”的优美风景，是钱塘十景之一。

look

2 断桥：

今位于白堤东端。在西湖古今诸多大小桥梁中，此桥因白娘子和许仙而名声最大。“断桥残雪”为西湖观景中的极品。

花，秋夜中浸透月光的三潭，冬雪后疏影横斜的红梅。西湖四季风光各有山容水意，韵味无穷，无论你在何时来，都会领略到不同寻常的风采。

作家莫小米说，游玩西湖最棒的玩法是从楼外楼租上一艘小船，指点船夫不走大道，偏钻水巷，那西湖景象才让人有茅塞顿开的感觉。这会让一个土生土长的杭州人都惊呼，这是西湖吗？湖中央的芦苇丛中，水鸟栖息，野趣横生；远眺可见村落粉墙黛瓦，竹林青影婆娑，俨然一幅江南水墨山水画。沧桑岁月留下了恬静和谐，身边游人不多，只闻得鸟飞莺啼。

西湖十景之一的雷峰夕照

西湖最经典之处当属三堤之间。白堤古典，苏堤浪漫，杨公堤幽静。踏青来到白堤、苏堤，漫步走在岸边的小路上，沿岸盛开的桃花和刚吐嫩芽的垂柳，微风吹拂着你的鬓发，荫翳摇曳之间，隐现的湖水和远山跌宕起伏、相映成画。越孤山望断桥，湖光山色游人如织。杨公堤，则有浓郁的湿地风情，两岸都是粗大的梧桐。在堤的西侧，沿着西湖，蔽日的水杉与松木郁郁葱葱，松鼠在林间灵动地穿行，离杨公堤不远，就是恍若仙境的茅家坪，几处农家，一湾小湖，本地的人家在阴凉下悠闲品茗，世间的烦恼，已然遗忘。

西湖的美丽是柔弱的，不然苏东坡也不会把它比作“浓妆淡抹总相宜”的西子。西湖犹如一个温婉的女子，柔弱而安定地包容着世间的一切。西湖的美丽是纯净的，就像一位素面女子，不需要雕饰，清新天然就已然胜过万种风情。西湖注定是一位绝色女子。

西湖之美离不开白居易，离不开苏东坡，离不开辛弃疾与岳飞……西湖之名，固然有美景的缘故，更离不开西湖的历史文化。随步可见的景色传递着岁月光阴，波光倒映着历史变迁。范蠡功成名就，载西子泛舟五湖是多少中国人梦寐以求的至高境界。这里为各色文人提供了一个倾吐块垒的绝佳场地，成为自古文人抒胸臆、诉别离、伤不遇、发牢骚的钟情之地。倒是如此佳境，隐士高人谁曾想过离开？

西湖是爱情的天堂，一段白娘子与许仙的情愫成就了这里的浪漫与多情。在这里，你可以执爱人之手在苏堤上散步，杨柳婆娑，一起等待日出、守候夕阳，可以一起坐在湖滨花园听清幽婉丽的越剧小调，可以一起见证花开花谢至藤蔓失语。这样地走着，与西湖那一个个流传千古的传说一起沉于历史，变作永恒。

早春的西湖，在烟雨中显得格外秀美，让人不由得联想起古代诗人对其“淡妆浓抹总相宜”的赞誉之词。

INFORMATION

Location | 地理位置

西湖位于杭州市区西面，南北长3.2千米，东西宽2.8千米，总面积5.6平方千米。西湖三面环山，湖中白堤、苏堤横亘，把全湖隔为外湖、北里湖、岳湖、西里湖和小南湖5个部分。

Climate | 气候特征

属亚热带气候，温暖湿润，四季分明，光照充足，雨量丰沛。

Best Choice | 最佳推介

时间：3～4月

心情：悠闲

旅伴：爱人

Erhai

难以言说的温柔情怀

洱海

选择它的理由

洱海宛如一轮新月，静静地依卧在苍山和大理坝子之间，苍山环着洱海，洱海枕着苍山，形成天然的苍洱风光。“山则苍笼垒翠，海则半月掩篮”，山水相依，空灵的气韵，恰如不施脂粉的素面女子，无法掩其风华丽质，任哪个丹青妙手也难以描绘出一丝半分的。

有人说，“洱海从任何角度看都是风景”。

洱海宛如一轮新月，静静地依卧在苍山和大理坝子之间，苍山环着洱海，洱海枕着苍山，形成天然的苍洱风光。“山则苍笼垒翠，海则半月掩篮”，山水相依，空灵的气韵，恰如不施脂粉的素面女子，无法掩其风华丽质，任是哪个丹青妙手也难以描绘出一丝半分的。巡游洱海，岛屿、岩穴、湖沼、沙洲、林木、村舍，每时每刻都保持着自己迷人的风韵和色彩。它不仅有三岛、四海、五湖、九曲之胜，还有三塔例影、九孔石桥、玉友戏水、金梭烟云、海镜开天、岚霭普陀等美妙奇观。

碧蓝的天空，明镜的湖泊，倒映的白塔，犹如仙境一般。

洱海是一个风光明媚的高原淡水湖泊，它两头窄，中间宽，略弯曲，形如人的耳朵而得名。湖水透明，清澈如镜，被人们称为玉洱。传说在海底生长着一棵硕大无比的玉白菜，这碧波盈盈的湖水，就是一滴滴从玉白菜的心底沁泄出来的玉液。

眺望湖面，只见一个个孤岛分列水际，陡峭的岩崖壁立，湖沼、沙洲、林木、村舍错落散布，无不令人神思飞荡，遐想联翩。极目洱海深处，云水相接，天水浑然一体，不知名的水鸟不时地掠过水面，飞向洱海边的白族村寨，真是船在碧波漂，人在画中游。

有人说洱海是风花雪月之地，此处的风花雪月不同于别处，只是风、花、雪、月，当地白族人民有一首世代传诵的谜语诗，诗曰：

虫入凤窝不见鸟（风），七人头上长青草（花）；

细雨下在横山上（雪），半个朋友不见了（月）。

不可不看的地方

look 1 **洱海公园：**

在大理市洱河南路向东约1千米处，距市区新桥约2.5千米，是大理风景名胜之一。洱海公园，曾是南诏皇家之养鹿场。洱海公园是观赏“苍山洱海”景色的好处所。

look 2 **金梭岛：**

位于洱海东部，四面临水，四周多悬崖陡壁，中部低而南北偏高，形似一只织布的梭子，故名金梭岛。此处是游客观山看海、采风怀古、垂钓荡舟、登山旅游和度假的理想地点。

Take My Tips!

诙谐幽默的谜语充满了白族人的智慧，更透露着他们对洱海的溺爱。风是从下关吹来的，一路毫无阻挡，直吹得上关的莲花都无奈地跑到了大理苍山云弄峰之麓，躲到了树上，铺满了那片山峰。洱海的风很大，绵绵不绝地吹皱了洱海一重又一重碎碎的波浪，又引来了三五只海鸥追逐着翻卷的浪花，“海鸥飞处彩云飞”，洱海上空的云团像棉絮般飘得好慢，静静的让人误以为是流连于水中的倒影而不忍离去！

每个地方都有一轮明月，而月亮爱上了洱海。明代诗人冯时可《滇西记略》说洱海之奇在于“日月与星，比别处倍大而更明”。洱海的夜幕很低很低，湖面上一道浮银摇金的璀璨光亮，从眼前延伸到天边，月亮仿佛是刚从洱海中浴出，清辉灿灿，格外的大，格外的明，格外的圆。

在洱海最南端的团山有一座洱海公园，是观赏“苍山洱海”景色的好处所。百里洱海奔来眼底，下关风吹拂起衣襟，到洱海不动情者少矣。那一刻，你会感觉到自己静若处子，心里有一种如释重负般的轻松与超脱，那一刻想就在此安居吧，不然自己只是这风花雪月的过客，离去难以割舍。

洱海上散落的小岛也是佳境，金梭岛、南诏风情岛、小普陀……这些孤岛上都有白族渔村。20世纪50年代著名的电影《五朵金花》就是反映这里的生活。岛上，一片片别致的民居错落有致地排列着，尽管在海岸和岛上有他们的房舍，但他们仍习惯于全家老小一块儿生活在船上，一年到头过着漂泊的生活，可谓为“水上人家”。然而，他们热爱生活，自得其乐，一点不感到寂寞。

岛上的沙滩洁净而舒适，坐在上面醉在这洱海的情澜里，软软地看山、看云、看海、看渔女，难以言说的温柔情怀就这样散在了洱海的柔柔的风声里。

INFORMATION

◎ Location | 地理位置

位于中国云南省西部的苍山东麓，以湖形如耳、风浪大如海而得名。湖泊水位为1925米左右，北起洱源县江尾乡，南止于大理市下关镇，形如一弯新月。南北长40.5千米，东西宽3～9千米，面积246平方千米，平均水深12～15米，最深处达21.6米，属澜沧江水系。

◎ Climate | 气候特征

洱海地区气候温和，最高气温为34℃，最低气温为-2.3℃，湖水不结冰。年平均降水量1000～1200毫米。

◎ Best Choice | 最佳推介

时间：四季如春，四季都可

心情：恬静闲适

旅伴：爱人

〔又见香格里拉〕

→稻城

选择它的理由

稻城北高南低，西高东低，群山起伏，重峦叠嶂，逶迤苍莽。山脊河谷相间，形成既有终年积雪的高海拔山岭，又有幽深诡秘的低海拔河谷，还有宽阔的草场、潺潺的溪流，景色变幻多姿、十分迷人。

“此景只应天上有，人间难得何处寻。”稻城，一个只听名字就能让人感觉到温暖和金黄色彩的地方。这是一片称为被时光遗忘的净土，从两三百米的平原到四五千米的高原，从四季如春的花城到昼夜温差二三十摄氏度的稻城。稻城，古名“稻坝”，藏语意为“山谷沟口开阔之地”。稻城的地理、地貌都较特殊。它北高南低，西高东低，群山起伏，重峦叠嶂，逶迤苍莽。山脊河谷相间，形成既有终年积雪的高海拔山岭，又有幽深诡秘的低海拔河谷，还有宽阔的草场、潺潺的溪流，景色变幻多姿、十分迷人。

稻城高原上的湖泊，俗称海子，犹如天神脸上淌下的晶莹泪珠，镶在了这片属于神的地方。秋风掠过，碧绿的湖水微微泛起涟漪，倒映出的山峰也变得柔和动人。秋季的稻城里，群山的灰青与雪白、海子的碧绿与橙蓝、赤色的红草地、金俏的杨树林，组成了一幅色彩的交响乐，和谐美妙，气势恢宏。

Daocheng

INFORMATION

Location 地理位置

稻城县位于四川西南边缘，甘孜藏族自治州南部。稻城东南与凉山州木里县接壤，西界乡城县并与云南省香格里拉县毗邻，北连甘孜州理塘县。稻城高原是由横断山系的贡嘎雪山和海子山组成。两大山脉坐落南北，约占全县面积的1/3。

Climate 气候特征

稻城景区属高原季风气候，一年中，绝大多数时间天气晴朗，阳光明媚。高山峡谷地带，年均气温11.5～12.8℃，高原地带最冷月平均气温-5℃以下，最热月平均气温10～12.1℃。

Best Choice 最佳推介

时间：每年5～10月

心情：渴望新奇

旅伴：恋人、朋友

稻城，具有典型的藏乡风情。早上起来，晨雾里群山起伏，美丽的稻城河从县城外蜿蜒流过，河滩上一排排白杨被秋风染黄了叶子，在太阳底下闪着金光；沿河从县城到桑堆乡一路的河滩旁，布满了红色的沼泽；炊烟飘起的牧场上，牦牛在静静吃草。纯净的蓝天、飞过白云间的苍鹰、风格独特的藏乡建筑、金黄的秋杨、深红的沼泽、波光粼粼的小河，是多么美的一幅油画，这不正是人们归隐田园的梦想天堂吗？世外桃源般的村落，蓬头垢面但天使一样的小女孩，嬉戏中的背柴姑娘，屹立于黄色树海里的雪山，在羞答答任晚霞装扮……极端的柔媚，又极端的刚毅，无不洋溢着神的光芒！

北部为高原宽谷区。其中的海子山为青藏高原最大的古冰体遗迹，素有“稻城古冰帽”之称。其冰蚀地形发育完全，是研究第四纪冰川地貌的重要基地。中部为山原区，包括波瓦山和赤土河。赤土河清澈秀丽，群鱼穿梭。波瓦山山势雄伟，四季景色分明：冬日白雪皑皑，春夏杜鹃遍开，秋天红叶似火。南部为高山峡谷区，有俄初山和冬义河。俄初山高峻而益显巍峨，挺拔却不失俊俏，像一位美貌仙子端坐云霓。俄初山的秋色最令人陶醉：

稻城的儿童，有着与这里的天空一样纯净的面容。

红的娇艳，黄的明丽，绿的柔和，五彩缤纷，漫山遍野。冬义河则如一匹骏马自俄初山飞驰而下，直至天的尽头。

只要一想起稻城亚丁，便有无限的惬意透入心底。与香格里拉风格迥异的藏民住宅，全用石块砌成，古朴而庄严；见飞驰而过的汽车，小朋友都会给一个端端正正的少先队队礼；草甸上有洁白的羊群，美丽的牧羊姑娘总会向你挥手微笑；云遮雾绕的漫漫雪山；蓝天下秋色染黄的森林……稻城亚丁如诗似画的美景，甘孜地区藏族同胞的纯美，真是让人难忘。

稻城村落俯瞰

牛场是一片平坦的草场沼泽，如展翅雄鹰般的央迈勇峰倒映在碧蓝的一汪水里。拴好马，从这里开始向牛奶海和五色海进发。行过峡谷灌木林，涉过溪流沼泽，在难以言喻的壮美风光的山路上攀登。当你登上高山，两个蓝得圣洁无比的海子终于扑入视野时，滚烫的泪珠不禁夺眶而出……

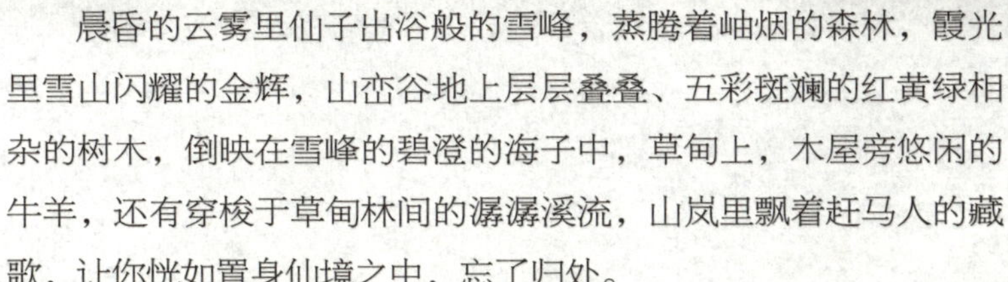

晨昏的云雾里仙子出浴般的雪峰，蒸腾着岫烟的森林，霞光里雪山闪耀的金辉，山峦谷地上层层叠叠、五彩斑斓的红黄绿相杂的树木，倒映在雪峰的碧澄的海子中，草甸上，木屋旁悠闲的牛羊，还有穿梭于草甸林间的潺潺溪流，山岚里飘着赶马人的藏歌，让你恍如置身仙境之中，忘了归处。

不可不看的地方

1 look 海子山景区：

以“稻城古冰帽”著称于世，是喜马拉雅造山运动留给人类的古冰体遗迹。海拔3600~5020米，极目远眺，天地浩瀚无垠，乱石铺天盖地，撼人心魄。1145个高山湖泊散落于嶙峋乱石间，碧蓝如玉，景色极为壮观。

2 look 亚丁自然保护区：

其内耸立着三座圣洁美丽的雪峰，其峰名相传为五世达赖所封：北峰仙乃日，意为观世音菩萨；南峰央迈勇，意为文殊菩萨；东峰夏诺多吉，意为金刚手菩萨。仙乃日、央迈勇、夏诺多吉，这三座山呈“品”字形排列，被当地藏民视之为神山，参拜者络绎不绝，成为藏区信教群众朝拜的圣地。

Wuyuan

中国最美的乡村

婺源

选择它的理由  

八分半山一分田，半分水路与庄园，婺源的景色有江南水乡的秀美，有英伦田园的闲适，更有中国山水的淡雅，被称为“中国最美的乡村”，如果世界上真的有世外桃源的话，那它一定就在婺源。

婺源其含义为水中静女，景如其名，安静古朴的村落静静地躺在群山的怀抱中。晴朗的天空，干净的村落，幽幽的青石板，高高低低的树，曲曲弯弯的河，零零落落的村，纯净得不含一丝杂质，透明如水晶。淡淡炊烟笼罩的马头墙、山间梯田抽象的线条、暮色中骑在牛背上的村童、幽静的孤舟野渡、倒映在清澈山涧里的火红枫叶……不由得让人陡然间心静如水，恍若隔世！正如朱熹所咏婺源山水：“烟波一棹知何许，䴗鴂两山相对鸣。”

青石板铺就的地板在脚下移动，尽管承载了多年的重荷与生命，仍看不出丝毫的不耐与困倦。因水网而沉淀萦绕的水汽在周围流动。千年中，婺源以它独特的方式过着每一天：街上弥散着小贩们诱惑力十足的叫卖声；小孩们放学回来在巷子里追逐打闹；干完重体力活儿的劳工争抢着在双井旁冲凉以冲淡这灼人的酷热；张二婶在冬暖夏凉的福地等着当家的回家，一边等一边捶洗着全家的衣服，嘴角满足地轻轻向上扬着；李家姑娘无力而幽怨地轻倚着美人靠，眼波盈盈地看着远方山色；牧童轻摇着手中的鞭子，唱着渔歌绕过一个又一个山涧……就这样，婺源精灵目睹着这亘古不变的一天又一天独自发笑。

婺源最著名的油菜花田，使这里拥有“中国最美的乡村”之美称。

如果一个地方只有一个季节是美的，那它还远未够境界，就像一个只能拍摄侧面而不能全面欣赏的美女，而在婺源则不必有此忧虑。春可阅芳菲五色，夏可探清幽奇洞，秋可赏红叶烂漫，冬可访远黛含烟。八分半山一分田，半分水路与庄园，婺源的景色有江南水乡的秀美，有英伦田园的闲适，更有中国山水的

INFORMATION

Location 地理位置

婺源位于江西省东北部，县域面积2947平方千米。东距浙江衢州150千米，南距上饶150千米，西距景德镇80千米，北距黄山120千米，正好处于黄山、庐山、三清山和景德镇旅游金三角区域，拥有高达81.5%的森林覆盖率，古为文风鼎盛之所，今为镶嵌在赣、浙、皖三省交界处的一颗绿色明珠。

Climate 气候特征

属亚热带东南季风气候，温暖湿润，年均气温为16.7℃。

Best Choice 最佳推介

时间：四季均可，尤以春天为佳

心情：恬静闲适

旅伴：家人

从河上遥望远处的村落，婺源在薄雾中更显现出一种与众不同的温婉。

淡雅，被称为“中国最美的乡村”，如果世界上真有世外桃源的话，那它一定就在婺源了。

五岳归来不看山，九寨归来不看水，婺源归来不看村！从婺源回来的人都会告诉你这句话。鳞次栉比的徽式古建筑，粉墙黛瓦，或隐现在翠林青山间，或倒映于清溪湖面。直可让人领略小桥流水人家那天人合一、返璞归真的意境！除却这醉人的风光，婺源还有“江南曲阜，山里书乡”的美誉。宋代以来，文人雅士多相聚于婺源，婺源更是出了文学家朱弁、理学家朱熹、篆刻家何震、铁路工程专家詹天佑等名人。朱老夫子一生恪守礼节，面对着泼墨式的画面想来也是难以自持，才思泉涌，留下了不少名句。在婺源，可以领略徽剧的典雅韵味，欣赏“舞蹈活化石”傩舞的原始粗犷，品味几经回转的茶道表演。抿一口清茶，也就忘却身在何处了。

来婺源，可分东、西、北三条路线行走。实际上，婺源正应了那句老话，“在徽州，随便找个村庄扎进去就可以了”。如果说婺源是世外桃源，那么东线的晓起是最好的诠释。“古树高低屋，斜阳远近山，林梢烟似带，村外水如环”，这是前人对晓起的描绘。古朴典雅的明清民居、曲折宁静的街巷、青石铺就的驿道、遮天蔽地的古树、盛开时节整片的花海，所有婺源引以为豪的特色都能在晓起找到它的影子。一条小溪静静在村中流淌，沿溪多为明清府第：明代工部尚书余懋学“尚书府第”、明代吏部尚书余懋衡“天官上卿府第”、明代广州知府余自怡修建的“司马第”和“驾睦堂”……历史在这里凝结。这里还有徽州民居典范——延村。匠心独具的石雕、砖雕、木雕，构思奇特，徜徉其间，有如置身于艺术的海洋，令人如痴如醉，唯有感叹古徽州建筑文化韵味之精致。婺源的村落是原生态的保留，有着历史发展的真实性和完整性。

婺源的清晨格外宁静，青山和田野沉浸在薄纱般的曙光中，羞涩的云朵在清澈的溪水中静静流淌。四周散发着花草的清香，偶尔从远处传来娇嫩欲滴的鸟鸣声。大多数人们还沉浸于梦中，勤劳的村妇却已早早在溪边淘洗着衣物；就在这当儿，一群雪白的鸭子嘎嘎地游过，摇曳出长长的波纹，颤动着水中马头墙的倒影……

那一刻，一切都定格在这里。

安静的村落，潺潺的溪水，婺源的每一个角落都弥漫着它独有的芬芳气息。

不可不看的地方

look 1

晓起：

位于婺源县城东北45千米的溪河交合处，有上、下晓起之分，是清代两淮盐务使江人镜故里。主要景点有古樟、双井印月、濯台焕影等，是婺源景色的代表。

look 2

理坑村：

建村于南宁初年，村落嵌于锦峰秀岭之中，一条小溪静静在村中流淌，沿溪多为明清府第。村口有一座名为“理源桥”的廊桥，有浓郁的文化气息。

Yili

灵魂远行之地

伊犁 

选择它的理由

伊犁不论从空中俯瞰，还是坐车穿行都有不尽的美闯入眼帘，那美，是一种野旷的美、朴素的美、宁静的美、原生态的美。尤其是那不断翻滚的绿色，一直伸展，在绵延中起伏跌宕。

有一种诗意叫作辽阔，有一种意境叫作悠远。在新疆伊犁面前，语言变得苍白。新疆有很多地方或以风光取胜，或以历史闻名。风光因之而妩媚，历史因之而深邃，似乎两者不可兼得。但是，伊犁这个钟灵毓秀之地，偏偏将两者集于一身。

伊犁不论从空中俯瞰，还是坐车穿行都有不尽的美闯入眼帘，那美，是一种野旷的美、朴素的美、宁静的美、原生态的美。尤其是那不断翻滚的绿色，一直伸展，在绵延中起伏跌宕。伊犁的草原的美与别处不同，逶迤穿行于天山西部的喀什河、巩乃斯河、特克斯河，状如辐射的山脉，环绕分隔，孕育了伊犁的草原。谁也说不清伊犁到底有多少草原，但是有4个草原是到伊犁必须要去的地方，分别是那拉提草原、巩乃斯草原、昭苏草原、唐布拉草原。

隐居在天山峡谷的唐布拉草原，以沟闻名，100多千米的地方有113条沟，沟沟都藏有奇景异观。

昭苏草原尽管海拔两三千米以上，但是它并没有位居山顶，而是紧紧依偎在高山的怀抱。巍峨的山体、散漫的云杉、金黄的油菜花、星星点点的毡房、奔驰的骏马……山因草原而俊朗，草原因山而清高。昭苏草原未必广袤，却是灵动之地。

巩乃斯草原高傲地仰躺在天山之上，与雪峰雄鹰为伴，蓝天白云近在咫尺，这是一种难得的体验。草原上可以傲视群山和峡谷，可以与天对话，恍若天上宫阙。

如果非要在伊犁四大草原中评选最美，那桂冠一定属于那拉提草原，它仿佛已经成了伊犁草原的象征。那拉提草原自古以来就是著名

位于博乐市西南的赛里木湖，是新疆最大的高山湖泊。“赛里木”是哈萨克语，意为“美好的祝愿”。赛里木湖两岸的绝色风光使这里成为伊犁最令人神往的地方之一。

INFORMATION

Location 地理位置

伊犁哈萨克自治州位于中国的西北边陲、新疆西部，西面与哈萨克斯坦接壤。三面环山，西部开阔。

Climate 气候特征

属温带大陆性气候，冷热差异悬殊，寒暑变化剧烈，昼夜温差大，干旱少雨。春季多大风，日照时间长。

Best Choice 最佳推介

时间：7~9月

心情：放逐与安宁

旅伴：爱人

不可不看的地方

look 1 **果子沟：**

果子沟又名塔勒奇沟，因山沟内遍布野果子而得名。果子沟雄踞于天山西部的关隘之中，风光绝妙，古人称为“奇绝仙境”或“万花谷”。

look 2 **赛里木湖：**

位于博乐市西南的塔尔钦斯凯山区，湖面海拔2073米，面积450多平方千米，是新疆最大的高山湖泊。

伊犁地区哈萨克族牧民晾晒羊肉

的牧场，仲春时节，草高花旺，碧茵似锦，远处皑皑雪峰，银装素裹，在深蓝色的天幕下越发清澈夺目，茂盛的云杉林仿佛一笔浓墨挥洒而成，远远望去，紧密得不透一丝缝隙，浓浓的如墨玉一般。美景有很多种，可以让人心旷神怡，可以让人流连忘返，而那拉提的美是一种内敛、含蓄甚至带有些许隐忍的美。

每年6～8月，当薰衣草花期来临的时候，伊犁园艺场好像穿上了紫色的外套，香味扑鼻的薰衣草在风中摇曳。这个时候租一辆自行车，在蓝天、白云和香风中，沿着田边缓缓骑过，也许你就愿意从此做一个花农或嫁一个花农了。

伊犁草原是山的草原，是雄鹰的草原，是骏马的草原，更是水的草原。星星点点的湖泊就像散落的珍珠，闪耀在无尽的绿色中。“草叶上的雨滴，组成一串串流动的音符，聚成一条通向远方的路。”

赛里木湖像一颗璀璨晶莹的蓝宝石，高悬于天山之间的盆地中。要不是能看见远处雪山延绵，真会以为它是茫茫大海一望平畴，加之烟波微茫，使人颇能感觉到海的浩渺与深沉。湖中水质清澈湛蓝，湖底的石头能看得一清二楚。见过赛里木湖的人，无不诧异于它的蓝。真是蓝得不容置疑、蓝得不近情理、蓝得动人心魄、蓝得幽深、蓝得神秘。叫人面对着它，只能发出惊叹，而难以言语。已故著名作家汪曾祺就说，见到赛里木湖，顾不上有别的感觉，只觉得——真蓝！

在伊犁阿尔泰深山密林中有个硕大的湖泊——喀纳斯。喀纳斯是蒙古语，意为“美丽富饶、神秘莫测”，喀纳斯湖是亚洲唯一具有瑞士风光的湖泊。湖面碧波万顷，群峰倒影，湖面还会随着气候和天气的变化而时时变换颜色，是有名的“变色湖”。每至秋季，层林尽染，景色如画。喀纳斯湖有几大奇观：千米枯木长堤、雨后喀纳斯云海、佛光……喀纳斯湖会把你带回童年，任是谁也抵挡不了，不由得在湖边嬉耍起来。

伊犁是个包容之地，说到伊犁我们想到的是草原，可是伊犁却把第一景的美誉给了果子沟。果子沟由峰顶至谷地，既有峭壁危崖之险、云杉墨绿高山飞瀑之奇，更有果木成林香草馥郁、山花烂漫蜂飞蝶舞之美。一沟之内，同日可见四季景色。果子沟是伊犁物产丰盛的体现，吃着正宗的哈密瓜，采摘不知名的野果，怎一个爽字了得。

在伊犁旅行，是真正放逐灵魂的出游，那样的飘零根本不是现代都市人能体会到的。那一份特立独行，那一份遗世独立，来到伊犁，才知道处于梦境的人，是无法企及另一个连环梦的。

伊犁的那拉提草原是世界四大草原之一，这里的亚高山草甸植物区，自古以来就是著名的牧场。

Zhalong

扎龙

选择它的理由

这片貌似涣散的湿地已经成为精灵不离不弃的圣地和家乡。这里不需要人烟。自由的空气弥漫在扎龙的上空，飞翔的鸟儿在这里欢唱。

温润的早春，应该让心灵放飞，让畅想的翅膀舒展，让一年的好心情开始。去扎龙看鹤吧，这是一个不错的选择。

扎龙自然保护区占地2100平方千米，被誉为北国江南。蓝天白云之下，碧水苍穹，芳草连天；水外有水，水天一色。一望无际的芦苇，绿野无边，浩浩荡荡，铺天盖地，煞是壮观。湖泊星罗棋布，像一块块明镜镶嵌在无边的翡翠之中。湖面上漂着大片大片的菱角花，嫩黄嫩黄的，静静地拥在幽绿的湖水中。水面氤氲着雾气，摇着小船，荡漾在花叶间，静听着远处传来阵阵野鸭和鹤的叫声，偶有水鸟飞过。真是：此景只应天上有，醉入花海不思归。

扎龙为蒙古语，意为“饲养牛羊的圈”。此地不见了牛羊，却是鸟的天堂。我们无法得知氤氲的扎龙和这些美丽的精灵是如何结缘的。那些白色的大鸟，究竟是在哪一年的一个温暖的春日，如天上的白云一般飘来，轻轻降落在碧绿的苔地上，然后轻歌曼舞、筑巢产卵……这片貌似涣散的湿地已经成为精灵不离不弃的圣地和家乡。这里不需要人烟。自由的空气弥漫在扎龙的上空，飞翔的鸟儿在这里欢唱。

早上的阳光嵌在芦苇上，嵌在湖边两只美丽的白天鹅上。白天鹅一身洁白、一身高贵，昂扬起那修长优美的脖颈，是那样的雍容华贵、从容不迫，在清澈的湖水中轻轻地优雅地滑过，悄无声息地在其身后留下两道荡漾波纹和涟漪，映在水中的倒影随着波光摇曳。忽

扎龙国家级自然保护区“鹤唳云天”雕塑

INFORMATION

Location | 地理位置

扎龙位于黑龙江松嫩平原乌裕尔河下游湖沼苇草地带，占地2100平方千米，是中国目前面积最大的芦苇沼泽湿地。西北距齐齐哈尔市30千米，是中国著名的珍贵水禽自然保护区，主要保护对象是丹顶鹤及其他野生珍禽，被誉为鸟和水禽的“天然乐园”。

Climate | 气候特征

属温带半湿润大陆性季风气候。四季特点十分明显：春季干旱多风，夏季炎热多雨，秋季短暂霜早，冬季干冷漫长。年平均温度3.9℃，年平均降水量402.7毫米。

Best Choice | 最佳推介

时间：夏、秋两季，最佳观鸟时间是每年的4、5月或者7、8月

心情：愉悦

旅伴：一生的爱人

不可不看的地方

look

龙泡子、大泡子、西沟子：

可以观察到众多的雁鸭类、秧鸡类、鸥类等游禽及在近水草甸栖息的小涉禽。

look 2

九间房、大场子：

为芦草沼泽景观，可以观赏到鹭类的群巢区和鹤、鹳等涉禽及沼泽猛禽。

然，有几只灰褐色的鸿雁从芦苇深处冲了出来，在湖水中追逐、嬉戏；是那样的与世无争、无拘无束又那么充满童趣。

从望鹤楼用高倍望远镜眺望四野，三五成群的丹顶鹤在芦苇深处筑巢，在仙鹤湖畔信步，在无际的原野漫舞，在蔚蓝的长空翱翔。它们无处不在，到处都有那曼妙的身姿、超脱的丽影。当它们展翅腾飞，一道白亮光点闪起，飘飘然轻逸潇洒，那仙风道骨的姿态，那超然脱俗般的气质，妙不可言！

扎龙晨曦中的丹顶鹤，它们引颈向着朝阳，开始迎接新的一天。

《诗经》曰：“鹤鸣于九皋，声闻于天。”丹顶鹤总是群声齐鸣，合演于美丽的风景中，吟唱天地，吟唱万物……叫声高亢嘹亮、婉转动听、声震四野。正值热恋中的年轻仙鹤，芦苇荡里双双展翅翩翩起舞，那舞姿轻盈舒展，带着丰富的感情色彩。若一只突然挺胸昂头准备鸣叫，另一只必然“心有灵犀”，于是两两相对，同时朝着天空发出响彻云霄的鹤鸣，同起同止，珠联璧合。双方对歌对舞，你来我往，甚为动人。丹顶鹤一旦婚配，相互忠贞不渝，形影不离，偕老至终。携一生的伴侣来此，必有一生的收获。大自然造就了独特的扎龙，更造就了鹤乡湿地上的神奇生灵。

扎龙是祥和之地，在自然的胸怀中，可以静静地欣赏和思索；可以聆听那轻轻的风声，呼吸那清新的空气；可以嗅到芦苇的气息，还有那淡淡的野花的芬芳。

Daxing'anling

北方最后一片净土

大兴安岭

选择它的理由  

大兴安岭没有过多的色彩，犹如当地的居民一样简单；大兴安岭的线条未必细腻，犹如北方的汉子一样粗犷；大兴安岭很少喧闹，犹如天国般静逸。圣洁的光芒笼罩着大兴安岭的一草一木，浩瀚而博大，在那里你可以荡涤杂陈的心灵，回到生命的原初。

黑色的土地，养育森林的茂密；河水的清晰，灌溉清净的林区，这里常年有候鸟栖息，来到这里，它的魅力会打开你的胸怀，质朴的真实会敲打你的心灵。这里就是大兴安岭。

巍巍兴安岭，积粹大森林。大兴安岭的林地有730万公顷，

INFORMATION

Location 地理位置

大兴安岭地区位于祖国北部边陲，是全国面积最大的林区。它东连绵延千里的小兴安岭，西依呼伦贝尔大草原，南达松嫩平原，北与俄罗斯隔江相望。

Climate 气候特征

属寒温带大陆性季风气候，冬寒夏暖，昼夜温差较大，年平均气温-2.8℃，最低温度-52.3℃。

Best Choice 最佳推介

时间：冬季白雪飘零时

心情：安静、悠然

旅伴：朋友

森林覆盖率达74.1%，在浩瀚的绿色海洋中繁衍生息着寒温带马鹿、驯鹿、驼鹿、梅花鹿、棕熊、紫貂、飞龙、雪兔等各种珍禽异兽400余种，野生植物1000余种，是高纬度地区不可多得的野生动植物乐园。

在过去几十年间，由于过度毁林开垦，使大兴安岭的南麓森林边缘退缩了至少200千米。

大兴安岭一定是上帝的宠儿，不然为什么会让它揽春情、夏景、秋实、冬雪于一身，一年四季不失姝容呢？

春来到，那漫山遍野的沁人心脾的达子香（杜鹃花）像云彩飘绕在山坡，斑斓的鸟雀在绿林中飞翔，鸣啭令人惬意；夏日，山风送爽，林莽飘香，水流潺潺，金色的野生罂粟花、粉色的野玫瑰、纯洁的百合、白色的珍珠梅、翠意欲滴的大森林、流香溢彩；深秋，层林尽染，一片殷红、一片淡黄，一片翠绿；入冬，万顷林海一片银妆，山莽林野，茫茫苍苍，背上猎枪，坐着马爬犁在雪山林海奔驰狩猎，别有一番情趣。

在大兴安岭，一定要去北极乡。这个中国最北部的小镇，每年夏季，白

天便越来越长，晚上也相应地越来越短。夏至时节，晚霞与黎明同在，午夜如同白昼，户外可读书看报；在北极乡上空的北面，经常出现绚丽多彩的北极光奇景。

其实，大兴安岭没有过多的色彩，犹如当地的居民一样简单；大兴安岭的线条未必细腻，犹如北方的汉子一样粗犷；大兴安岭很少喧闹，犹如天国般静谧。圣洁的光芒笼罩着大兴安岭的一草一木，浩瀚而博大，在那里你可以荡涤杂陈的心灵，回到生命的原初。

大兴安岭最摄人心魄的是冬日的原林和夺目的白色。有人说冬日的大兴安岭是生命激扬的地方，高高的白桦树和笔直的落叶松拼命接近苍穹，阳光洒下来，落叶松立刻迸出来金子的光辉，白桦树则摇曳着银光。森林里是寂静的，没有风，没有鸟鸣，没有什么其他的树，只有白桦的银光，在松林的一片金海中泛起千堆万叠的浪花。一切都好像离天近了，落叶松的梢尖横扫着天空。白桦树遒劲的树干倔强地生长着。无边的苍茫，时间也被征服了，人在那一刻是微不足道地渺小。

有人说如果世界上真的有天国，那一定是银装下的大兴安岭。白雪在大地上安眠，森林在雪地里沉睡。白雪皑皑，无边无际，测不出厚度。堆满积雪的木屋和村落、袅袅娜娜的炊烟、黑色的森林、白色的小山、半埋在雪中的屋檐、银光闪闪的雪坡，令人见之忘俗。

不可不看的地方

look

北极乡：

位于中国最北端，有“金鸡冠上之璀璨明珠”的美誉。中国最北部的边陲小村，是全国观赏极光和白夜胜景的最佳处。这里可以游览神州北极碑、北陲哨兵，中国北极第一家等诸多景点。

look

胭脂沟：

胭脂沟，又称老金沟。它全长14千米，是额木尔河的一条支流，以盛产黄金而闻名于世。

look

苏径跰状好楉宕滄：

可以领略鄂伦春民族风情，体验不同的生活。

Take My Tips!

Wolong

大熊猫的天堂

卧龙

选择它的理由

卧龙是一个成就百万年绝世精灵的襁褓，一个成就名贵物种的摇篮，一个绝对自然“富贵”的保护区。卧龙是自然的、和谐的。在卧龙，你能在灌木丛生的原始森林寻找野生大熊猫的踪迹，能与驯化的半放养大熊猫嬉戏、留影，能登上观景台远眺云海和洞悉原始森林。

熊猫是具有灵性的宝贝，它的栖息地更有灵性，是聚集万物的洞天福地，所以称之为“卧龙”。卧龙位于四姑娘山东麓的皮条沟两岸。皮条沟又名卧龙沟，卧龙是一个成就百万年绝世精灵的襁褓，一个成就名贵物种的摇篮，一个绝对自然“富贵”的保护区。卧龙是自然的、和谐的。在卧龙，你能在灌木丛生的原始森林寻找野生大熊猫的踪迹，能登上观景台远眺云海和洞悉原始森林。

来到卧龙，你会被它的神秘所征服，高峻的峰峦峭立云天，幽深的峡谷纵横交错；迷雾漫步在峰间，银瀑飞悬于峭壁；终年的积雪在天际沉思，如茵的草地于雪线之下轻歌。“高山迎飞雪，蜂蝶植林间。天问今何时？禾苗百丈生。”上帝如此眷顾此地，一切瑰丽都毫不吝惜地给了卧龙。

原始、自然、粗犷、古朴，没有任何人工修饰是卧龙的特点。卧龙自然保护区内河水水流湍急，一泻千里，汇入绵江后经岷江流入长江。河流两岸，峡峰对峙。河中岩石高达三四米，矗立江心，经倾泻的河水撞击，激起朵朵浪花，犹如碎玉飞琼。

卧龙一山有四季，十里不同天；迅速上升的海拔，使卧龙沟谷和峰顶宛如两个世界；瞬息万变的气候，变幻无穷的景致，能够让你领略万种风云。春天，一片苍翠碧绿，鸟语花香，处处显示着勃勃生机，天上飞禽、地上走兽活跃在林间路旁。夏天，浓浓密雾，阵阵凉风，日出与云海，使这里的山、这里的水显得更加悠扬而神秘。草甸上到处盛开五彩缤纷、绚丽多姿的鲜花，令人赏心悦目。秋天，遍山的红叶，如火如荼，满目瑰丽斑斓，显示出浓浓的秋韵，丰富的色彩层次颇具魅力。然而，卧龙最辉

INFORMATION

Location 地理位置

卧龙大熊猫自然保护区位于四川省阿坝藏族羌族自治州汶川县境内，面积20万公顷，距都江堰50多千米，距成都100多千米，是地球上仅存的几处大熊猫栖息地之一，是全国重点自然保护区，并已列入世界“人与生物圈”保护区网。

Climate 气候特征

属高寒气候和四川温带气候的过渡地带，气候条件特殊。由于北、西、南三面环山，使保护区形成了一个半封闭的地形，冬季阻止了南下的寒流，夏季的东南季风则从东部进入，带来了充沛的雨水。一年四季温差不大，冬无严寒，夏无酷暑，年平均气温4～5℃，年降雨量在1100毫米以上。

Best Choice 最佳推介

时间：四季均可

心情：悠闲好奇

旅伴：朋友

不可不看的地方

look 1 蒙山：

“仙茶故乡”，东距成都110千米，西距雅安15千米。山上层层叠叠的茶园，宛如滚滚碧浪；星星点点的寺观亭宇，是镶嵌在茂密林海间的珍宝。五峰环列，状若莲花。

look 2 碧峰峡：

距成都150千米。景区内峰峦叠嶂，云雾弥漫、密林浓荫。白练似的瀑布为宁静的青山奏响清悠的乐章。景区内有白龙潭、青龙潭、金龙潭、叠溪、珠帘等瀑布。野鸭滩、淘金滩、石壶潭、养心潭、渗水栈道等景象沁人心脾。

亚热带的常绿阔叶林和落叶阔叶林、温带阔叶林、针叶混交林，寒温带的针叶林和高山草甸植被，在保护区内1150～4500米的地方，依序生长，成为卧龙自然风光的重要组成部分。

煌、最令人惊叹的景观是秋冬过渡时期的雪顶，金色的阳光辉映覆盖着积雪的座座挺拔峻峭的山峰，使卧龙苍茫雄浑的山脉更显得无比雄奇壮丽。冬天，这里白雪皑皑，冰柱林立，晶莹剔透，洁白无瑕，到处是一片银色世界。所以，春夏秋冬任何一个季节到卧龙旅游，都可以尽情享受到大自然赋予的无穷乐趣。

想不想成为英雄，卧龙给你一次机会——爬上英雄沟，你就是英雄。英雄沟沟口险峰峭立，迷雾漫山。山溪从万仞悬岩处飞泻直下，似银练直扑谷底。在山谷，迷雾间喧起千军万马般的呐喊。穿过峡谷中的仙峰、幽穴、听泉、水帘4个小隧道，两眼豁然开朗，漫山遍野葱茏的箭竹形成竹的海洋。微风吹来，竹海翻起层层绿波，蔚为壮观。这里山势平缓，溪流潺潺，林间小道蜿蜒于惬意恬淡的绿地。“国宝”大熊猫的饲养场，就坐落在绿树丛中。

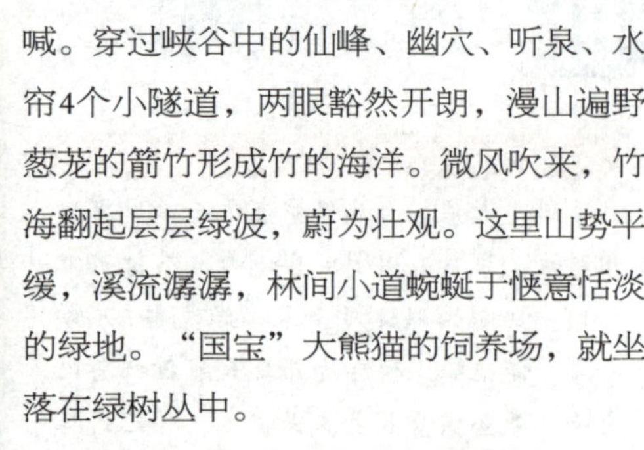

银厂沟与英雄沟的风光迥异，沟内奇峰叠峙，云蒸霞蔚。峡谷低处，古木蔽天。湍急的河流，在密林山崖中忽隐忽现，为峡谷增添了一种莫名的神秘与肃穆，在这里不妨来次小小的探险，时而会有令你惊喜的风光突然出现在你眼前，会美丽得让你不知所措。

来卧龙，如果只看自然风光此行就无意义了，那胖乎乎的熊猫可是卧龙的主人，更是卧龙的精灵。“从来不觉得大熊猫有多稀罕的，在机耕道边上、水池边，还有半山腰的树上，都能见着熊猫。见人也不躲，如果有人去追它，它蹭蹭蹭几下就能爬到树上去。冬天的雪后，经常看见熊猫三三两两地下山觅食，就是过去摸摸头、揪揪黑耳朵，它们也只顾着吃，懒得跑掉的。”这是当地人轻描淡写的叙述，在别处难见尊容的国宝在卧龙却是如此平常，不来这里看大熊猫还去哪里呢？

卧龙自然保护区已被列为联合国国际生物圈保护区，设有大熊猫研究中心和大熊猫野外生态观察站。放眼望去，整个大熊猫繁育基地里，外国游客好像多过中国游客，拖家带口的“老外”们随便在哪个馆见着大熊猫就会“My God! My God”地惊叫着，一次性见到这么多只大熊猫，的确让他们觉得一定是上帝特别关照的。在卧龙，你还可以与大熊猫亲密接触，能与驯化的半放养大熊猫嬉戏、留影，感受大熊猫的无穷魅力。

除却大熊猫，卧龙境内还有诸多珍稀动植物，比如华贵的金丝猴等。来到这里，才能体会自然的神奇和自然对卧龙的偏爱。

卧龙大熊猫自然保护区的巴朗山

Hulunbeiercaoyuan

不可抗拒的和谐

呼伦贝尔草原

选择它的理由

呼伦贝尔是一个充满云水柔情的名字。呼伦贝尔草原是一个美丽哀婉的传说。来到这里，你会迷失，忘了时间。呼伦贝尔草原是上帝造化的一方净土，是希冀中的天上人间，是我们不经意撒手失去而又千方百计觅回的理想家园。

一处风景如果只是景色未免略显单薄，而呼伦贝尔草原就不仅仅只是一处风景，它还是一个灵动的空间。这片绿色的净土，滋养着这里的生灵，承载着牧民们浓浓的期望。

呼伦贝尔草原是世界最著名的三大草原之一，被誉为中国最美、最纯净的草原，地域辽阔，绿波千里，犹如一幅巨大的绿色画卷，无边无际。草原上，星罗棋布的湖泊像美女低垂下的泪滴。蓝天白云、弯弯河水、茵茵绿草、群群牛羊、点点毡房、袅袅炊烟，清新宁静。置身在美丽的大草原之中，人的胸怀陡然开阔，躺在绵绵的草甸上，心是那么悠远地飘入了天际。

有人说呼伦贝尔草原的风景在路上，而不在要去的地方。漫步在草原的花海中，那种柔软而富于弹性的感觉非常美妙。若累了，在草原上是少不了骑马前行的。手执马鞭，策马徐行，抬眼望去，“天苍苍，野茫茫，风吹草低见牛羊”，绿草与蓝天相接处，牧人举鞭歌唱。一路看不尽、走不完，重重叠叠的绿，随着天色的变化，云彩的飘动，产生或浅或深的变化，层层涌向远方，直至天边。如果你不懂得什么才是真正的辽阔，来到这里就能体会到辽阔的内涵。

有人说呼伦贝尔草原是河流的故乡，3000多条纵横交错的河流在这里九曲回环，其中最壮观的当数被老舍先生誉为“天下第一曲河”的莫日格勒河。河床如刀砍斧凿，曲曲折折地镌刻在平坦的草原上，铿锵的节奏和跌宕的旋律击破了草原的空旷和静谧。据说这段跨度为150千米的曲河伸直了大约有1500千米，看来也是舍弃不了这绿色的草原。

呼伦贝尔草原上的点点湖泊也值得一观，尤其是草原深处一汪宽广的呼伦湖呈现着与草原相映的无限柔情。草原像海，呼伦湖也像

呼伦贝尔草原热情的夜晚

INFORMATION

Location 地理位置

位于内蒙古呼伦贝尔市，因其旁边的呼伦湖和贝尔湖而得名。呼伦贝尔草原东起大兴安岭西麓，西邻中蒙、中俄边境，北起额市根河南界，南至中蒙边界，东西300千米，南北200千米，总面积约10万平方千米，天然草场面积占80%。

Climate 气候特征

呼伦贝尔年平均气温为-5～2℃，属寒温带和中温带大陆性季风气候，昼夜温差较大。

Best Choice 最佳推介

时间：6～8月最为合适，此时草原上水草丰盛，气候宜人

心情：舒展宁静

旅伴：爱人

不可不看的地方

1 look 莫日格勒河：

位于呼伦贝尔市陈巴尔虎旗境内，号称“天下第一曲水”，这里距依托城市呼伦贝尔市近40千米，离S201线公路只有5千米。这里就是“天苍苍，野茫茫，风吹草低见牛羊”的呼伦贝尔草原腹地，是中外驰名的天然牧场。

2 look 金帐汗旅游部落：

位于莫日格勒河河畔，始建于1994年，以部落样式为主体，聚集了以蒙古民族为主的北方少数民族传统文化、民俗民风、宗教艺术、餐饮等综合旅游服务景区。

Take My Tips!

海，碧波浩渺。漫漫无边的水域，栖息着天鹅、仙鹤、白鹭、秋沙鸭以及许多叫不出名的水禽，飞起飞落丝毫不惊，让人如入神话般的境界。

来到呼伦贝尔草原，不妨做一天牧民，体会一下原始、淳朴的蒙古风情。历史学家翦伯赞曾说过：在莫日格勒河畔，有一个“金帐汗蒙古部落”，金帐汗部落的布局，就是当年成吉思汗行帐的缩影和再现。在这里可以住进自己亲手搭建的蒙古包，可以品尝亲手宰杀的牛羊，喝一杯醇香的奶茶和美酒，吃一顿鲜嫩的手抓肉……

无边的云、无边的绿、无边的水、无边的呼伦贝尔草原，蕴含着无边的韵味。来到这里，你会迷失，忘了时间。呼伦贝尔草原是上帝造化的一方净土，是希冀中的天上人间，是我们不经意撒手失去而又千方百计觅回的理想家园。

呼伦贝尔草原上生活的蒙古族牧民

Chapter 02

造化钟神秀

——11处不可错过的大地杰作

〔黄果树瀑布〕
〔壶口瀑布〕
〔鸣沙山〕
〔乌尔禾魔鬼城〕
〔石林〕
〔泰山〕
〔黄山〕
〔庐山〕
〔纳木错〕
〔青海湖〕
〔阿里〕

Huangguoshupubu

天上仙泉落人间

黄果树瀑布

选择它的理由

它的山，雄伟奇岸；它的水，灵动飘逸；云烟缭绕的奇峰怪石，水汽弥漫的湍流飞瀑，犹如一幅幅美丽的画卷。山无水不活，水无山不灵，山活水灵，山就不尽是山，水也就不全是水了。每个人心中的山水情结在这里可以尽情释放。

这里，名播四海，源远流长，备受历代文人墨客的推崇。不管是“犀潭飞瀑挂崖阴，雪浪高翻水百寻”的豪迈，还是“虹泉飞万丈，下有碧犀行。瀑布图如绘，悬流势不平。雪花晴里溅，芝草岸边生”的奔放，抑或是徐霞客笔下“白水如棉，不用弓弹花自散；红霞似锦，何须梭织天生成”的感叹，都令人心悸魄荡，让人惊叹大自然的鬼斧神工！它就是黄果树瀑布。

奔流了千万年的白水河造就了主瀑宽83.3米、高67米的黄果树大瀑布，河水从断崖顶端凌空飞流而下。水石相激，发出震天巨响，腾起一片烟雾，迷蒙烟雾在阳光照射下，又化作一道道彩虹，奇妙无穷。黄果树瀑布的形态因季节而有变化。雨水充沛的盛夏，银浪滔天，卷起千堆雪，奔腾浩荡，势不可当。湍急的流水从悬崖绝壁直泻入犀牛潭中，发出震天巨响，十里之外即闻其声，瀑布激起的水雾，飘洒在黄果树街上，就像“银雨洒金街”一般。

冬天枯水季节，黄果树瀑布虽然少了让人热血澎湃的豪情，但却给予人一种悠远沉静的遐思。这时，思绪是瀑布冲击山岩飞溅出的水珠，在重重水雾中起伏；心情是瀑布对面山坡生长着的小草，在暖暖滋润里舒展。抬头仰望，上面是蓝天白云，映衬着银色的瀑布，水流如银线一丝一丝地倒挂下来，有的则汇成巨流倾泻而下，形成一种雾蒙蒙的幻景。走到跟前，那扑面而来的水雾掺着一股清香抚过脸庞，清凉而又温馨。整个人沉浸其中，如盛夏时品冰浆，似严冬里吃火锅。

沿着栈道步入峡谷，苍松翠柏，瀑布隐现，视角不同，感

涨水时节，黄果树瀑布如蛟龙翻腾、浪花飞溅；到枯水时节则是另一番景致，瀑布分成一绺绺从岸顶吹落，如万缕银丝披挂，洋洋洒洒。

INFORMATION

Location | 地理位置

黄果树风景名胜区位于贵阳以西160千米的白水河上，距省会贵阳137千米。

Climate | 气候特征

全年气候温和，冬暖夏凉，雨量充沛，湿度大，日照少。温度最高的7月份平均温度23.2℃，温度最低的1月份平均温度5.9℃。

Best Choice | 最佳推介

时间：夏季，此时雨水充沛，瀑布气势恢宏，奔腾浩荡，势不可当

心情：心智清新，眼光明亮

旅伴：朋友

如银练般坠入潭中的瀑布水流

受不同。正面观瀑最佳：两山夹一瀑，白雾掩狂流。黄果树大瀑布朴实雄浑，坦坦荡荡。狂泻的流水仿佛能带走一切迷茫和烦恼。而瀑布下的水帘洞最有趣，它原是天然溶洞，人工修造的栈道相连，人在水下走，水在身边流。触手可及水，滴水不沾衣。水帘漫顶而下，隔着玉洁晶莹的飞瀑水流向外眺望，瀑布巨大的水流轰然从面前跌下，对面的青山、绿树、游人、茶楼……迷离恍惚，阳光下虹霓若隐若现，前人有诗赞曰："晨观犀潭霓虹舞，暮赏西山落日辉。"每当日薄西山，凭窗眺望，犀牛潭里彩虹缭绕，云蒸霞蔚，苍山顶上绯红一片，迷离变幻，这便是著名的"水帘洞内观日落"。此刻聆听瀑布的声响，感受着漫天飞舞的水珠，张开双手，好似整个瀑布都被你拥入怀中；此刻脱去了尘世间的一切浮华，体会着最原始的感动。

这里有静若处子的湖，有气势恢宏的瀑，黄果树的山水相互映衬，姿态万千，恢宏与灵秀在这里和谐地共存着、结合着，彰显着独特的魅力。不想细细描述每个瀑布的奇特之处，不想记住每个溶洞的名字，只想置身于这奇山异水之中，细细地品味，慢慢地感受。在大瀑布下，静静地仰望着飞奔直下的水流，让肌肤慢慢沾满了珍珠般晶莹的水珠，让水汽弥漫到每一个神经末梢，听着飞瀑拍打大地的轰隆隆的响声，感受着心灵上的震撼；于天星洞中，怀着一种敬畏的心情，看大自然鬼斧神工的刻画，巧夺

天工的技艺，把一块块本无灵性的石头雕刻成千奇百怪的形状。还有太多太多秀美的景色——数生石为你看透前生的姻缘，龙宫带你进入一个世外桃源般的仙境，格凸河燕王宫向你展示动物世界不曾多见的奇观。奇山秀水，可谓有神灵造化。

来到这里，不仅为这里的一山一水所吸引，更为这里的人文景观所感动。黄果树是布依族、苗族的聚居地，到处是别具一格的石头建筑。这里的人们，依然用双脚丈量着这贫瘠而富有的土地，用双手创造着自己的文化，映照着人性的光辉。他们用最原初的状态，谱写着自己淳朴而多彩的文化。

黄果树瀑布风景区内卖蜡染的苗家女

看惯了高楼大厦，看厌了人来车往，看烦了尘世的喧嚣之后，这一刻莫名的感动这么熟悉而又那么遥远。是谁曾在我们心底种下了一个结，而这个结却只能在这里才能解开？它的山，雄伟奇岸；它的水，灵动飘逸；云烟缭绕的奇峰怪石，水汽弥漫的湍流飞瀑，犹如一幅幅美丽的画卷。山无水不活，水无山不灵，山活水灵，山就不尽是山，水也就不全是水了。每个人心中的山水情结在这里可以尽情释放。

不可不看的地方

1 look 滴水滩瀑布：

西距大瀑布4千米，位于另一条河流——喇叭河上，堪称一绝。总高410米，分7级流泻的滴水滩瀑布，从关索岭的山巅倾流而下。

2 look 天星桥风景区：

其内溪水流淌。有时溪水聚集成潭，将石林下部淹没，形成天然的山水盆景。迷宫般的水流以及被这些水流溶蚀切割形成的石林，组成了天星桥风景区特有的水上石林奇观。

Take My Tips!

Hukoupubu

千里黄河一壶收

壶口瀑布

选择它的理由

如果说粗犷、深厚、内敛、豪放的黄河是中华民族的象征，那么雄壮的壶口瀑布则是黄河的代表。在这里，你可以看到“黄河之水天上来，奔流到海不复回”的壮美景色，可以领略排山倒海、万马奔腾的黄河巨浪，可以聆听惊天动地的贯耳雷鸣，可以感受大自然恩赐我们的力量和勇气，可以领悟到什么叫黄河咆哮、惊涛骇浪。

久居都市便习惯了风花雪月，偶尔踏青也不过去些小桥流水之所。如果猛然被悲壮激越的悲歌一击，是否会忘却尘世，回归于苍茫？上古，黄河一路奔泻，惊涛骇浪滚滚而来，至壶口河道不畅，横溢流淌，洪灾遍野。大禹用疏导之法，劈吕梁山，开龙门，方有后世之壶口。黄河从上游的300余米宽，乍然收缩成50米，落差达30多米，飞流直下，波浪翻滚，惊涛怒吼，犹如滚滚沸水骤然从一天然巨壶的壶嘴中喷薄而出，雷霆般的吼啸声，震撼着晋陕峡谷两岸的崇山峻岭、山川沟壑，气势磅礴，令人惊心动魄。“千里黄河一壶收”便为此说，其势、其声、其雄、其壮，不可测度。

站在壶口岸边，目睹巨浪翻腾，耳闻涛声如雷，人们方能真正领略到黄河在奔腾、黄河在怒吼、黄河在咆哮的浩大气势。它的雄壮，它的百折不挠、勇往直前，使人感到一种博大的精神境界！壶口用母亲般博大的胸怀亲近你、拥抱你；以不可抗拒的力量融化你、裹携你；那震耳欲聋的喧嚣使你热血沸腾、声声荡耳、阵阵沁心；那撼人的波涛，让你的血脉不由自主地随他而跳动。置身其中，你的所有的感官都会被慑服，你的灵魂在这里被冲刷、淘洗，犹若初入尘世，只有那雄浑、豪迈、神奇回荡在胸际。

当年，光未然到此，在黄河壶口瀑布前流连忘返，心中狂澜万丈，慷慨激昂地创作了《黄河大合唱》的歌词。在壶口，你无法唱出“妹妹你坐船头，哥哥在岸上走，恩恩爱爱，纤绳荡悠悠”。你只能高唱“风在吼，马在叫，黄河在咆哮……”壶口瀑布，浩然之气也。

如果说粗犷、深厚、内敛、豪放的黄河是中华民族的象征，那么雄壮的壶口瀑

奔腾怒吼的壶口瀑布

INFORMATION

Location 地理位置

壶口瀑布位于山西省临汾市西约165千米，东距吉县45千米，西距陕西省宜川约50千米。壶口是黄河峡谷最险要的一段河谷，全长约60千米。

Climate 气候特征

干燥高温。

Best Choice 最佳推介

时间：夏季

心情：恬静安适

旅伴：爱人

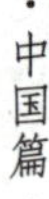

老农在壶口瀑布前沉思着，远处的河水变得温柔了。

布则是黄河的代表。在这里，你可以看到“黄河之水天上来，奔流到海不复回”的壮美景色，可以领略排山倒海、万马奔腾的黄河巨浪，可以聆听惊天动地的贯耳雷鸣，可以感受大自然恩赐我们的力量和勇气，可以领悟到什么叫黄河咆哮、惊涛骇浪。

明清时期，由于陆路交通不畅，水路运输方便经济，因此壶口上游的水运格外繁忙，每年有数千只货船经壶口转运，因为天险壶口瀑布的阻隔，船只每到壶口附近，必须先停泊在壶口上游卸下货物，船只也只能上岸由人工拉纤，靠人力由陆地越过瀑布再入河床，这就是黄河特有的“旱地行船”：船公唱歌，纤夫喊号，与奔泻的黄河浑然一体，别有风致。如今旱地行船早已成为历史，只能看文字记载了。鼎盛时期，壶口有商号60多家、窑洞500余孔，人们形容道：“客船星集，如鱼贯之相连，店铺林立，似雁行之不绝。”而今只残存着几百孔窑洞，颇有沧海桑田之感。

壶口的颜色是苍凉的，是浓重的，是不可轻视的，黄色的土、黄色的山、黄色的浊浪、黄色的河床、黄色的沙滩、甚至连天空也是黄色的。身处在无尽的黄色中，看着这天上来水，顿有天地玄黄、宇宙洪荒之感，心仿佛也回到最原始的状态，或迷茫、或感怀，也许就想只坐在岸边发呆，忘情于黄河这千百年来的怒吼中！

不可不看的地方

look

孟门山：

距离壶口约2.5千米，河水被巨石一分为二。此石横亘数百步，河水分流，俯视如门，故有孟门之称。孟门山虽“临危若坠”，但“任水涨滔天，终不能没”，实为壶口之下一大景观。

look

人祖山和庖山：

在壶口偏北不远的地方。人祖山海拔1700多米，现在山上仍存有伏羲庙的遗址，庙内尚有“隔沟滚磨”的画像，还有两眼泉井终年不竭，空气非常新鲜凉爽。

壶口瀑布奔腾咆哮，水花飞溅

千年的守望

鸣沙山

选择它的理由

“山以灵而故鸣，水以神而益秀”，鸣沙山和月牙泉是广袤大漠中一对挚友。山泉共处，沙水共生，泉不离山，沙不掩泉，漫漫黄沙，澄澄泉水，相守相伴，历经千年而不变。鸣沙山顶鸟瞰，月牙泉边流连，确有“鸣沙山怡性，月牙泉洗心”之感。

天苍苍，沙茫茫，大漠中沙浪萦回，看似激流勇进却又波涛凝固。流沙长年堆积汇聚成山，山峦像金子一样灿烂，绸缎一样柔软。那一道道沙峰如大海中的金色波浪，气势磅礴，消逝于天之尽头，壮丽之至，苍凉之至。这就是位于敦煌城南约5千米的鸣沙山。

有人将鸣沙山誉为“天地间的奇响，自然中美妙的乐章”，从山巅顺陡立的沙坡下滑，流沙如同一幅幅锦缎铺满沙坡，若金色群龙飞腾，鸣声随之而起，初如丝竹管弦，继若钟磬和鸣，进而金鼓齐鸣，近闻如兽吼雷鸣，远听如神声仙乐，轰鸣之声不绝

于耳。来这里一定要登上山顶，不过并非易事，绵绵细沙，进一步，退半步，似平行而无进，只好手脚并用往上爬，痛并快乐着。如果掬沙细看，就会发现山上的沙粒有红、黄、绿、白、黑5种颜色，这是“五色沙”。阳光下沙粒晶莹闪亮，五彩缤纷，像童话世界般可爱。

鸣沙山依然是山，仍有山的胸怀，一泓千万年前来自地底深处喷涌而出的清泉，千万年来不受侵扰安静地依偎在鸣沙山的怀里。泉如古老的碧玉一样的绿，如初升的新月一样的弯，所以得名为月牙泉。在茫茫大漠中有此一泉，在黑风黄沙中有此一水，在满目荒凉中有此一景，深得天地之韵律，造化之神奇，令人神醉情驰。

月牙泉边，风景如诗如画。白杨亭亭玉立，垂柳舞带飘丝，沙枣花香气袭人，对对野鸟飞翔，清澈的泉水之中，一群群小鱼抖动着透明的尾羽欢快地荡游在翠绿的水草之间。水面上吹过来的一阵轻风，却不是那股夹带着浓厚沙土味道的风尘。泉南岸台地上有一片古建筑群，钩心斗角，雕梁画栋。漫步在这弯弯的泉水旁边，我们仿佛早已忘记这是地处广袤的沙漠戈壁之中。

“山以灵而故鸣，水以神而益秀”，鸣沙山和月牙泉是广袤大漠中一对挚友。山泉共处，沙水共生，泉不离山，沙不掩泉，漫漫黄沙，澄澄泉水，相守相伴，历经千年而不变。

阳光下掬沙细撒，指缝间倏然流下，泉水无声，一切都随风飘逝。

鸣沙山旁的月牙泉，犹如初升的新月一般，平躺在沙漠中。

INFORMATION

Location | 地理位置

鸣沙山，位于敦煌城南约5千米处，东起莫高窟，西止睡佛山下的党河水库，山体高达数十米，东西绵亘40多千米，南北纵横20多千米，最高处海拔1715米，远远望去，峰峦高低起伏，如刀削斧劈。

Climate | 气候特征

干燥高温。

Best Choice | 最佳推介

时间：夏季

心情：恬静安适

旅伴：爱人

神出鬼没的地方

乌尔禾魔鬼城

选择它的理由

看魔鬼城，有的人看的是它的外观，有的人看的是它的味道，还有的人看的是它隐隐约约呈现的生命精神。穿行在魔鬼城里，你会感觉如同穿行在一座古城之间，有一种震撼之感从心底涌起。在古城里，是震撼于世事的沧桑；在魔鬼城中，则震撼于大自然的威力。

在准噶尔盆地西北边缘的佳木河下游乌尔禾矿区，距克拉玛依市100千米，有一处形状怪异的天然风城，当地蒙古人将此城称为“苏鲁木哈克”，哈萨克人称为“沙依坦克尔西”，意思都是魔鬼出没的地方。大风起兮，黄沙遮天，风在城里激荡回旋，凄厉呼啸，如同鬼哭，让人感到恐惧，就像住着魔鬼一样，所以得

名“魔鬼城”。在地质学上，这种现象叫“雅丹地貌”。

一亿多年前这片土地是一个巨大的淡水湖泊，湖岸生长着茂盛的植物，水中栖息繁衍着乌尔禾剑龙、蛇颈龙、准噶尔翼龙，但随着岁月的流逝，湖泊消失了。巨大的地质构造运动把深埋地下的岩石抬升成高山。湖地升起为陆地，湖底的山或礁石，忽然见上了阳光、风雨，成了陆地上活的雕塑，经风、雨、太阳年年月月地抚摸、打磨，裸露的石层被雕琢得奇形怪状，乌尔禾魔鬼城也就出现了。

看魔鬼城，有的人看的是它的外观，有的人看的是它的味道，还有的人看的是它隐隐约约呈现的生命精神。穿行在魔鬼城里，你会感觉如同穿行在一座古城之间，有一种震撼之感从心底涌起。在古城里，是震撼于世事的沧桑；在魔鬼城中，则震撼于大自然的威力。

进入魔鬼城，四周被众多奇形怪状的土丘所包围，有的高达十几米，土丘侧壁陡立，从侧壁断面上甚至可以清楚地看出沉积的层理，脚下全是黄土，寸草不生，四周一片死寂，真正地与世隔绝，仿佛置身于外星球。魔鬼城纵横交错，垛堞分明，危台高耸，俨然一座古城堡，城内一步一景色，一里一洞天，风光起伏变化，让人目不暇接。有的龇牙咧嘴，状如怪兽；有的像古欧洲风格的建筑残骸，亭台楼阁、檐顶宛然；有的如一条腾飞的巨龙，那探海的巨爪和首尾相顾的飞天雄姿，与真龙再现毫无二致；还有的像美少女的侧面像，眉宇舒张、唇带微笑；有的从前面看像一尊镇守埃及法老墓的狮身人面怪兽，但转到后面看却又是一位婀娜多姿的“楼兰美女”；有的从远处看如羽扇纶巾的唐伯虎游戏红尘，走到近处一观则如屈原问天；有的从左面看犹如披着轻纱的娉婷少女，右看则是一尊飘着长髯的怒目金刚。

魔鬼城腹地的荒凉地貌

明媚的阳光下，乌尔禾魔鬼城一片灿烂辉煌，散发着阳刚的气质、硬朗的美感；阴雨之下，天空灰暗迷蒙，处处弥漫着恐怖与危险，仿佛坠入了巫婆布下的迷魂阵；夕阳如血，一座座荒凉的土丘在地上投下了长长的阴影，犹如一只只饥饿的

INFORMATION

Location | 地理位置

位于准噶尔盆地西北边缘的佳木河下游乌尔禾矿区，西南距克拉玛依市区100千米，方圆约187平方千米，地面海拔350米左右。

Climate | 气候特征

属典型大陆性气候，干旱少雨、春秋多风是其突出的气候特征。

Best Choice | 最佳推介

时间：8月是旅游的黄金季节，这时不仅能品尝到甜蜜的西瓜，还能目睹魔鬼城惊心动魄的场面

心情：兴奋激动

旅伴：朋友或爱人

黑暗之手正向人们脚下移动，让人不由得脊背发麻，避之不及。不过乌尔禾魔鬼城也有温柔的时候，在冬天穿着洁白的衣裳，盖着银色的雪被，像个孩童般熟睡，梦里闪现出天国……

当狂风吹来的时候，魔鬼城就会激动得失去理智，癫狂不已。飞沙走石狂舞，狼嚎虎啸怪鸣，其恐怖之声数里之外都能听到，胆小之人无不毛骨悚然，须发倒竖。其声音有的如魔鬼狞笑，有的如孤魂野鬼哀号，有的如古代战马奔腾嘶鸣，有的如婴儿啼哭，有的如被判腰斩的犯人发出的绝望吼声，有的如地府丧钟击打，加上狂风卷起的尘土遮天蔽日，把魔鬼城真正变成了一座地狱之城，其慑人的恐怖之声令人不寒而栗。特别是月淡星稀的夜晚，狂风大作时身临其境，其阴森恐怖的气氛更胜几分，游人心头无不为之一震。

乌尔禾魔鬼城是可怕的、怪诞的，笼罩着苍凉与孤独，千万年来伫立于荒漠之中，粗野而暴力，偏偏就是这种美征服了世人，让世人不得不流连于它的脚下。

魔鬼城呈马蹄形，千百年来，风如一位能工巧匠，将这片以泥沙为主体的戈壁台地打造成一座千姿百态的“城池”。

〔天下第一奇观〕

→石林

选择它的理由

它是一幅绝妙的画，每天吸引着五湖四海的游人前来驻足观赏；它是一首优美的诗，古往今来有无数骚人墨客为它咏叹吟哦；它又是有灵性和生命的，成就了多少美丽动人的传说。

沧海桑田间，光阴改变了世界的面貌，云南石林在远古不过是茫茫深海，海水退去后，历经了亿万年的烈日灼烤和雨水冲蚀、风化，就留下了这一童话世界般的壮丽奇景。远远望去，那一支支、一座座、一丛丛巨大的灰黑色石峰、石柱昂首苍穹，晴天呈银灰色，雨天变成黛玉色，远望犹如一片莽莽苍苍的黑森林，故名“石林”。石林群峰壁立，千嶂叠翠，怪石奇岩，千姿百态，故为“天下奇观”。

Shilin

season of dream season of love

石林彝族自治县的撒尼小姐妹

置身于这雄浑奇秀的石林景中，雄健也好，娟秀也罢，只是感觉，万端的感慨无法言状。郭沫若曾说过：“看了石林，别的等于零。”而戎马一生的贺龙，从未被征服过，但却被石林“征服”了。他来到石林壮游之后，坐在石林的草地上风趣地说：“我再也不走了！”

这里的石林有大、小石林之分，大石林呈现的是撒尼人阿黑哥的雄健刚勇，而小石林呈现的则是阿诗玛的清新娟秀。登临狮子亭俯视，石海怒涛奔来眼底，褐石青岩壮观无比，景色如梦如幻，一片苍茫。而融入其间行走，又见眼前身后奇石拔地而起，参差峥嵘、千姿百态、阴阳和美、巧夺天工。

大石林入口处峭壁似屏，气势磅礴，前人摩崖刻有“彩云深处”“拔地擎天”“千峰竞秀”“群岩涌翠”等题刻，先声夺人。石峰比肩屏列，拔地而起，如剑穿天，相对高度有的达三四十米。这凛然威武、阳刚豪壮的石林的雄健美，自有一番激发人们向上的力量。一线清泉汇为狭长的剑峰池，池中一峰突起，如利剑刺天；池色澄碧，如翡翠镶嵌山间；池周游廊迂回，石桥横跨。俯视剑池，天光云影，群峰秀色，尽纳湖底。莲花峰，雄踞剑池之滨，高出水面30余米，峰顶巨石横卧，石片上

不 可 不 看 的 地 方

look

大石林：

整个景区由密集的石峰组成，有如一片石盆地。这里的石林直立突兀，线条顺畅，并呈淡淡的青灰色，最高大的独立岩柱高度超过40米。

look

小石林：

宽厚敦实的石壁像屏风一样，将小石林分割成若干园林。小石林最有名气的景点当数“阿诗玛”。当夜幕降临，彩灯映照，小石林更是五彩斑斓，妩媚动人。

翘，簇成一朵盛开的莲花。

小石林略显温柔，如小家碧玉：林木青葱，地势平坦，间有桃、李、梅、杏、山茶，艳丽的花朵不时从崖间探出头来。几块草坪四周点缀着奇峰怪石，有的若天设屏障，壁立一方；有的若牛蹲兽伏，在林间静卧；有的若香菌丛生，万年不朽。尤其是在圆形的碧池之旁，有一座石峰，顶端呈淡红，宛若一位身材苗条富有青春活力的撒尼少女。这勤劳美丽、风韵天然的少女造型，形象逼真，犹如撒尼族民间叙事长诗女主角——阿诗玛。

石因水而润。石林还有一个绝佳的去处，就是长湖。在密密的丛林中，它宛如一弯新月，在蓝天中辉耀。湖周新松成林，苍翠欲滴；芳草萋萋，色鲜叶嫩；间有山花，点缀其间。

Location　地理位置

石林风景名胜区位于云南省石林彝族自治县境内，距昆明市100千米。景区由大小石林、乃古石林、大叠水、长湖、月湖、芝云洞、奇风洞7个风景片区组成，共有石林面积400平方千米，是一个以岩溶地貌为主体的、世界罕见的风景名胜，是大自然鬼斧神工的杰作。

Climate　气候特征

属亚热带低纬度高原山地季风气候，年平均温度约16℃，具有“冬无严寒、夏无酷暑、四季如春、干湿分明”的特点。

Best Choice　最佳推介

时间：四季均可

心情：惊奇与向往

旅伴：朋友

大美者不能言，至言者没有声。石林便是如此，只能让心去领悟。

连片出现的高达20～50米的石柱群，远望如树林，故得名为“石林”。

泰山

选择它的理由

泰山是自然和人文景观的绝妙结合体，帝王登泰山者始于秦始皇，相继有汉武帝、光武帝；唐代有唐高宗、武则天、唐玄宗；清代有康熙、乾隆等。所以有人说泰山其实是一部帝王史。不过除却这些帝王的因素，泰山已经成为中华民族的一种象征，就像图腾一样，在我们骨血里沉浸着，这是其他任何山峦无法取代的。

“孔子登东山而小鲁，登泰山而小天下”。中国有无数名山大川，论高度，泰山只有1532.7米，不如华山；论灵秀，泰山不如黄山；论宗教文化，泰山不如峨眉山、五台山、九华山。为什么唯有泰山享有如此崇高的地位呢？其实，泰山的历史是一本帝王史，正是历代皇帝对泰山的顶礼膜拜，才使泰山成为五岳之首。登山需含敬畏之情，因为山路两边峭壁上古人留下的石刻，让人恍然置身于时空隧道中，顿发思古之幽情。游泰山从山脚的岱庙开始，经一天门、二天门、中天门、南天门、天街，直至玉皇顶。拾级而上，两侧石壁上留满了各个朝代的石刻，而且越往山上年代越为久远。最精彩的泰山刻石就在岱顶，这里有汉武帝的无字碑，唐高宗的“登泰山铭”。可以说，登山的过程就像在阅读中国历史。

登泰山之乐在于攀登。从松山谷底至岱顶南天门的一段盘路，叫摩天云梯，俗称“十八盘”，是泰山最险处，全程1千米左右，石阶1594级。泰山有3个“十八”之说——自开山至龙门为“慢十八”，再至升仙坊为“不紧不慢又十八”，又至南天门为“紧十八”，共计1630余阶。“紧十八”西崖有巨石悬空，侧影佛头侧枕，高鼻秃顶，慈颜微笑，名迎客佛。十八盘岩层陡立，在不足1千米的距离内升高400米。此处两山崖壁如削，陡峭的盘路镶嵌其中，远远望去，恰似天门云梯，飘荡在空中。

泰山的风景基本可以分为两种不同特色，一段是从山脚下的岱庙、一天门到中天门，这段基本处于山麓，相对地势平缓且古木参天、空气清爽，山间鸟语啁啾，流水潺潺，让人心旷神怡。而从中天门以上则是另外一种景致，山势突兀，山道迂回险要，紧十八盘，慢十八盘，自有“无限风光在险峰”的韵味。登泰山犹如抑

泰山素有“五岳独尊”之称，从秦始皇开始，曾有72位帝王到泰山举行封禅祭典大礼。

INFORMATION

Location | 地理位置

泰山地处山东中部，北依省会济南，南临“圣城”曲阜，东连淄博，西滨黄河，总面积426平方千米，东西长约200千米，南北宽约50千米。主峰玉皇顶，在泰安市城区以北。

Climate | 气候特征

泰山气候为暖温带半湿润季风气候，垂直变化明显，山下为暖温带，山顶为中温带。春、秋两季较温和，平均气温10℃。

Best Choice | 最佳推介

时间：4～11月为佳，观日出则以秋季为最佳

心情：沉静

旅伴：朋友

香炉上层层累累的同心锁，寄予了人们各种美好的愿望。

扬顿挫的音乐，到达山顶就像是到达音乐最高潮。山顶上，鸟瞰四周，放眼云海，大有包容万物、容纳百山的胸怀，能体会出杜甫“岱宗夫如何，齐鲁青未了。造化钟神秀，阴阳割昏晓。荡胸生层云，决眦入归鸟。会当凌绝顶，一览众山小”的意境。

“旭日东升”“云海玉盘”是岱顶的两大自然奇观。日出时天空开始还是深的蓝紫色，云层上一条红色的帷幔，慢慢变浅成了粉蓝，红色也在渐渐地变成橘色，红色球体在不断升起，天空也跟着明亮起来……后来就是霞光万丈，映衬着云层也有了光彩……泰山之云变幻无穷，有时白云滚滚，如大海白浪滔天；有时又如棉絮平铺。唯有岱顶似海中仙山，又似硕大玉盘中的仙果。岱顶的日观峰北侧，有一巨石悬空探出，名为“探海石”。泰山佛光也是岱顶奇观之一。每当云雾弥漫的清晨或傍晚，就可能看到缥缈的雾幕上，呈现出一个内蓝外红的彩色光环，将整个人影或头影映在里面，恰似佛像头顶上方五彩斑斓的光环，如果你有幸置身其中，那一定与佛有缘。

泰山是自然和人文景观的绝妙结合体，帝王登泰山者始于秦始皇，相继有汉武帝、光武帝；唐代有唐高宗、武则天、唐玄宗；清代有康熙、乾隆等。所以有人说泰山其实是一部帝王史。不过除却这些帝王的因素，泰山已经成为中华民族的一种象征，就像图腾一样，在我们骨血里沉浸着，这是任何山峦无法取代的。

不可不看的地方

look

经石峪：

在斗母宫东北方中溪支流的一片大石坪上，镌刻着1400多年前摩勒的《金刚般若波罗蜜经》的部分经文。大字遒劲古拙，篆隶兼备，被尊为“大字鼻祖”“榜书之宗”，是泰山佛教文化的瑰宝。

look

孔子登临处：

孔子登临处位于一天门北，为四柱三门式跨道石坊。

十八盘如云梯倒挂山间，让准备登临之人平生几分怯意。

Huangshan

上帝的盆景

黄山

选择它的理由 → →

在黄山，你可以看到泰山之雄伟、华山之峻峭、峨眉之清凉、匡庐之飞瀑、雁荡之巧石、衡山之烟云……去过黄山，便会“看尽千山皆不是”了。青松在悬崖上争奇，怪石在奇峰上斗艳，烟云在峰壑中弥漫，霞彩在岩壁上流光，二湖、三瀑、十六泉、二十四溪相映争辉……难怪后人有“五岳归来不看山，黄山归来不看岳”之说了。

在烟花烂漫的季节，总是有些地方让你在美好的想象中充满了远足的欲望，不妨冲出困惑的围城，找一个心仪已久、有着

阳光雨露、山水清幽的地方，像个孩子似的投入大自然温暖的怀抱。虽然国内名山大川很多，殊不知黄山却是少有的千古纯情之地。那片豁然开朗的梦田，那清明而空灵的领域，是柔软纯白的灵魂栖身的净土。

在黄山，你可以看到泰山之雄伟、华山之峻峭、峨眉之清凉、匡庐之飞瀑、雁荡之巧石、衡山之烟云……去过黄山，便会“看尽千山皆不是”了。青松在悬崖上争奇，怪石在奇峰上斗艳，烟云在峰壑中弥漫，霞彩在岩壁上流光，二湖、三瀑、十六泉、二十四溪相映争辉……难怪后人有“五岳归来不看山，黄山归来不看岳”之说了。

黄山千峰竞秀，有奇峰72座，其中莲花峰、天都峰、光明顶都在海拔1800米以上，拔地极天，气势磅礴，雄姿灵秀。在光明顶上放眼纵览，只见东南方有两座陡峭的大山巍然挺立，左边的天都峰犹如一柄锋利的宝剑，突兀而立、直刺苍穹；右边的莲花峰却恰似一朵硕大的莲蓬，绽开花蕊、朝天怒放。西边的群山虽不甚高，但层峦叠嶂、千峰竞秀，尤其是那山巅上的岩石，形状各异、千姿百态，远远望去，有的像武松打虎，有的如仙人晒靴，有的好比仙女绣花，有的酷似艺人踩高跷……自然的美在这里汇聚，在这里升华，赋予它超凡脱俗的品质，塑造出它威武雄壮的气概。

黄山山势高峻，云雾常铺，晨昏晴雨，瞬息万变。日出、晚

黄山上大多是裸露的岩石，崖边修筑的石栏与山岩浑然一色，似成一体。

不可不看的地方

look

1 光明顶：

黄山第二高峰，海拔1860米。因为这里高旷开阔，日光照射久长，故名光明顶。顶上平坦而高旷，可观东海奇景、西海群峰。炼丹、天都、莲花、玉屏、鳌鱼诸峰尽收眼底。

look

2 莲花峰：

位于玉屏楼北，是黄山第一高峰，海拔1864米，峻峭高耸，气势雄伟，宛如初绽的莲花，故名。

霞、云彩、佛光和雾凇等时令景观各得其趣，真可谓人间仙境，尤以日出景色奇佳。破晓前，天边渐明，翻滚的云海面上，出现金色的花边。烟云弥漫，山形树影，时隐时现，虚无缥缈。曙光初露，丹砂辉映，海空间跳出一个红点，形成弧形光盘，在冉冉上升中变成半圆。霎时间，一轮红日冲出波涛，喷薄而上，腾空升起。披着轻纱的峰峦和巧石，渐入眼底，整个山脉，沉浸在艳丽的彩光之中。

迎客松已经成为黄山的标志性景观，树龄已达1300多年。

黄山处处皆松，有十大名松，迎客松、送客松、凤凰松……其实黄山上千棵松，每棵松都独具优雅的风格。黄山松针叶粗短，苍翠浓密，干曲枝虬，千姿百态。它们或倚岸挺拔，或独立峰巅，或倒悬绝壁，或冠平如盖，或尖削似剑。

黄山每逢雨后，到处流水潺潺，波光粼粼，瀑布响似奔雷，泉水鸣如琴弦，一派鼓乐之声。著名的有“人字瀑”“九龙瀑”和“百丈瀑”，它们并称为“黄山三大名瀑”。人字瀑在紫石、朱砂两峰之间流出，危岩百丈，石挺岩腹，清泉分左右走壁下泻，成“人”

字形，最佳观赏地点在温泉区的"观瀑楼"；九龙瀑，自罗汉峰与香炉峰之间分九叠倾泻而下，每叠有一潭，称九龙潭。古人赞曰："飞泉不让匡庐瀑，峭壁撑天挂九龙。"九龙瀑是黄山最为壮丽的瀑布。百丈瀑在黄山青潭、紫云峰之间，顺千尺悬崖而降，形成百丈瀑布。

若冬日游山，于某一个早晨推窗眺望，或许会突然发现窗外的景致已经面目全非，成了一片银色的世界。茫茫群峰是座座冰山，棵棵树木像丛丛珊瑚，令人疑惑，莫非是"忽如一夜春风来，千树万树梨花开"？非也，这就是难得的雾凇！黄山雾凇，比任何地方更美、更奇、更绝。无愧于天下绝中之绝景。放眼四望，只见群峰错列，松林密叠，一派银装素裹。黄山一改往日葱茏苍翠的面目，到处一片洁白，天地浑然一色。从上到下，一草一木，一枝一叶都凝聚着洁白无瑕的晶体，如披银叠叠，似挂珠串串，仿佛进入了琉璃世界，似到了仙山琼阁，令你目不暇接，仿若进入了一个童话般的梦幻之境。冬日的黄山，除却雾凇还有冰挂，说不定还能遇见罕见的"佛光"。

黄山亭子

不愧为黄山第五绝。

上帝如果有盆景，所选必定是黄山，因为别无他选。

INFORMATION

Location 地理位置

位于安徽省南部黄山市，海拔1864.8米。黄山山脉东起绩溪县的大嶂山，西接黟县的羊栈岭，北起太平湖，南临徽州山区，东西宽约30千米，其中精粹风景区154平方千米。

Climate 气候特征

黄山地处亚热带季风气候区，阴雨天多，云雾天多，年平均气温较低，仅7.8℃。山顶与山下相比，更接近于海洋性气候，夏凉冬温。

Best Choice 最佳推介

时间：黄山一年四季景色不同，各有千秋，但最好避开雨季（每年6月中旬到7月初是梅雨季节）

心情：愉悦而惊叹

旅伴：三五好友

Lushan

千古文化名山

庐山

选择它的理由

中国田园诗的诞生地、中国山水诗的策源地、中国山水画的发祥地。观山如读史，游庐山如果只带了一只“风景眼”而不带另一只“文化眼”的话，那可真是所谓的“不识庐山真面目，只缘身在此山中”了。

苏东坡有诗云：“横看成岭侧成峰，远近高低各不同，不识庐山真面目，只缘身在此山中。”庐山的美是玄妙的，远看，庐山有如一山飞峙大江边；近看，千峰携手紧相连；横看，铁壁铜墙立湖岸；侧看，则如擎天一柱耸云间。庐山春如梦、夏如滴、秋如醉、冬如玉，构成一幅充满魅力的立体天然山水画。就这样，无数文人拜倒在它的脚下。

云海、瀑布与绝壁构成了“庐山三绝”。到庐山，不可不体味庐山的云雾之美。有时山巅高出云层，从山下看山上，庐山云雾缥缈，时隐时现，宛如仙境；从山上往山下看，脚下则云海茫茫，有如腾云驾雾一般。变幻莫测是庐山的特点：有时山上暗无天日，山下则是细雨飘飞，情趣异常。明代哲学家王阳明诗云：“昨夜月明峰顶宿，隐隐雷声在山麓。晓来却问山下人，风雨三更卷茅屋。”

清晨，那轻盈的薄雾，从涧底婀娜多姿、飘飘绕绕地升腾着、弥漫着，像是仙女飘舞的纱巾，纱巾飘过之处，景物便渐次迷蒙起来。就是近在几米之外的树木，此时也像是娇羞的少女，用纱缦遮住了俊美的面颜和窈窕的身姿，只是偶尔现出一点俏丽的倩影，以万般的媚态来挑逗你的遐思。须臾，云雾开始流动起来，并且逐渐加快，刹那间便演示出乱云飞渡之势。缥缈中幻化出千奇百怪的形状……太阳出来，满山的雾气都慢慢收缩成晶莹剔透的露珠，继续装点着大山。而那漂浮在心中的雾气，好像也在阳光的照耀下，升腾为一缕忘忧的清风。

庐山云雾缭绕，奇峰峻秀，人行其中，似在画中一般。

庐山的云雾美，晚霞和日出自然更是锦上添花。看晚霞和日出最好的选择是在含鄱岭、莲花谷、小天池等地。含鄱岭的日出来临时，与天相接的湖面上泛起一抹红晕，像是鄱湖仙子醒来时睁开的一丝笑脸。在小天池观日出，但见茫茫云海，翻卷着炫目

不可不看的地方

1 look **含鄱口：**

位于庐山东谷含鄱岭中央，海拔1211米，山势高峻，怪石嶙峋，形凹如口，对着鄱阳湖，似乎要把鄱阳湖一口吞下似的，故名含鄱口。

2 look **三叠泉：**

号称“庐山第一奇观”，三叠泉形成于七里冲宽谷与九叠峡谷相交的“裂点”上，三叠异趣，历代许多诗人为它写下了不少赞美的诗篇。

INFORMATION

Location | 地理位置

位于江西省北部，九江市以南，滨临鄱阳湖畔，雄峙长江南岸，是一座变质岩断块山。山地拔地而起，主峰大汉阳峰海拔1473.4米。

Climate | 气候特征

亚热带东部季风气候，年平均降水1917毫米，年平均雾日191天，全年平均为15℃。春迟、夏短、秋早、冬长。

Best Choice | 最佳推介

时间：春、秋两季

心情：宁静与优雅

旅伴：爱人

的赤色波涛，高悬的红日，给滚动的云海镀上一层熠熠闪亮的金光，显得光怪陆离，五彩缤纷。夕阳西下，层层的云雾染上玫瑰色的胭脂，呈现“红霞万朵百重衣”的雍容华贵。山头上，天空间，夕阳晚照，霞光灿灿，各种光色的云霞交织在一起，像是天女铺开了满天绚丽的锦缎，飘荡着、闪烁着，时时演变着五光十色的图案。

庐山流传着这样一个说法：“不到三叠泉，不算庐山客。”应该说三叠泉是庐山景色中最美的一处。从五老峰、大月山峰汇集而来的泉水，经过山川石阶，折成三叠，全长近百米。从高高的山头凌空而下，宛如一幅水帘悬挂空中。三叠泉每叠各具特色，一叠如飘雪拖练，二叠如碎玉摧冰，三叠如玉龙走潭。坐在频泛涟漪的潭边上，仰面观瀑，三叠泉抛珠溅玉，宛如千片冰绡，抖腾长空，难怪古人发出“九层峭壁划青空，三叠鸣泉飞暮雨”的赞叹。

庐山三叠泉高百余米，上叠形如飘雪拖练，中叠形如碎玉摧冰，下叠形如玉龙走潭，被誉为“庐山第一奇观”。

桃源仙境般的山城小镇——牯岭，是庐山的中心。三面被山环抱，一面临谷，溪流潺潺，青松、丹枫遮天蔽日。无数风格各异的各国别墅就势而筑，高低错落，潇洒雅致。有人说，这里是“万国建筑博物馆”。这里既有北欧式的陡坡屋顶，又有南欧式的缓坡屋顶；有的耸立在翠峰秀峦之上，有的坐落在幽壑小溪之间。那错落有致的幢幢别墅，浮沉在波峰浪谷中，那深红色的、青绿的铁皮屋顶，像朵朵鲜艳的蘑菇，散落在青苍的山谷里，静谧和空灵，冷色和暖色，竟是如此美妙地融合在一起。

庐山是中国文化的缩影，有“匡庐奇秀甲天下”之美誉。历代文人墨客更是慕名而来，纷纷赋诗填词，历史上李白、白居易、苏东坡、岳飞、文天祥等均到过此处。庐山是中国田园诗的诞生地、中国山水诗的策源地、中国山水画的发祥地。观山如读史，游庐山如果只带了一只“风景眼”而不带另一只“文化眼”的话，那可真是所谓的“不识庐山真面目，只缘身在此山中”了。

庐山壮观瑰丽的景色

与神耳语的地方

纳木错

选择它的理由  

纳木错，纳木错！这个神仙居住的地方，使人有归属感。这里的一切与世无争，是人们找寻的宁静的乐土。在这一块净土里，你的身、语、意将融入这块圣地，没有世俗，只有喘息。

一颗渴望的心，一种慕名敬仰之情，促使我们向往这里。这里，在海拔5000多米的雪峰顶上；这里，有广阔无疆、丝绒般的绿地；这里，有湛蓝的湖泊、绵延不绝的念青唐古拉雪峰；这

里，绝对是一幅精美绝伦的上帝之作；这里，就是令人惊叹不已的大地杰作之一——纳木错。

纳木错，藏语意为“天湖”，是西藏三大圣湖之一。相传这里是密宗本尊胜乐金刚的道场，信徒们尊称其为四大威猛湖之一。天湖纳木错的纯净、安详是高原的象征，它的美丽是每一个旅行者都不应该错过的。

也有人说纳木错是天湖女神，相传纳木错的水源是天宫御厨里的琼浆玉液，是天宫神女的一面绝妙的宝镜。置身于此，犹如身临仙境。

先别说具体的纳木错，就是临近纳木错的这条路，就让人流连忘返。两边雪白的羊群，满山坡地飘散着；绿茵茵的草地如一望无际的地毯，牦牛披着满身的长毛，无视一切悠闲地找寻着可口的美餐；母马领着小马驹，安静地看着过往的客人。在这里看到的每一处都是宁静安逸、美不胜收的画卷。

纳木错的东南部是直插云霄、终年积雪的念青唐古拉山的主峰，北侧依偎着缓和连绵的高原丘陵，广阔的草原绕湖四周，天湖像一面巨大的宝镜，镶嵌在藏北草原上。湛蓝的天、碧蓝的湖、白雪、绿草、牧民的帐篷及五颜六色的山花，交相辉映，组成一幅大自然美丽、

纳木错湖边的佛塔

INFORMATION

Location　地理位置

位于藏北高原东南部，念青唐古拉山峰北麓，西藏自治区当雄和班戈县境内。纳木错湖面海拔4718米，从湖东岸到西岸全长70多千米，由南岸到北岸宽30多千米，总面积为1920平方千米，是世界上海拔最高的咸水湖，也是中国的第二大咸水湖，湖水最深处超过33米。

Climate　气候特征

半干旱大陆性气候，每年5月中旬～9月中旬是该地区雨季，登山活动一般选在5～9月较佳。

Best Choice　最佳推介

时间：每年7～9月，是纳木错最美的季节

心情：闲适恬静

旅伴：亲人、朋友

不可不看的地方

1 look

扎西半岛：

湖中有5个岛屿，其中最大的就是扎西半岛。扎西半岛位于湖的东侧，像是湖岸伸入湖中的一只拳头，远远望去，它是个小山包，由于山包中间明显裂开，人们说它是个睡佛，短的一段是脑袋，长的一段是身子，腿侧伸入湖中隐而不见。其实，这是个由石灰岩构成的约10平方千米的半岛。

动人的画面，身临其境，无不感到心旷神怡。

清晨，湖面霭霭茫茫，周围群山若隐若现，太阳升起，云消雾散，清风拂面，浩瀚无际的湖面荡起涟漪，真似慈祥的仙女，手挥素巾注视着来往人群。这时的念青唐古拉山的主峰格外清晰，牧场一片浅绿，山体红黑间杂，峰顶白雪皑皑，主峰如一个威武战士守护着纳木错。高原气候瞬息万变，时而狂风大作，时而乌云盖天，风雪过后，湖面依然波光粼粼。

纳木错湖水靠念青唐古拉山的冰雪融化以后补给，沿湖有不少大小溪流注入。湖水清澈透明，湖面呈天蓝色，水天相融，浑然一体。

纳木错湖美，它的湖滨牧场更是别具一格。每当夏初，成群的野鸭飞来栖息繁殖。湖泊周围常有熊、野牦牛、野驴、岩羊等野生动物栖居，湖中盛产无鳞鱼和细鳞鱼，湖区还产虫草、雪莲、贝母等名贵药材，是人间天然瑰宝之地。

这里，天空一片安详，鲜明而静寂。墨蓝的天空罩起一片弧状的雪峰，太阳就像山头上的守护神，伸手可及，一大团雪白的云朵也悄然而至。它们都被挂在山口上一串串条幅的上方。蓝、白、红、绿、黄五种色布穿在几条绳索上，分别代表着蓝天、白云、红火、绿水、黄土，也被解释为自然中的金、木、水、火、土。山风拂过，它们呼呼作响，像是呼唤；阳光洒来，五彩缤纷，招摇惹眼。好一幅仙境的画面。

纳木错不仅清晨美，它的黄昏也美极了。傍晚，湖水被夕阳的余晖照得霞光闪烁，远处的雪山和烧红的晚霞形成了强烈的色彩对比，迷人至极。天气渐渐地有点凉意了，但天空依然没有要马上黑下来的迹象，如果骑着马沿着湖边，伴着马蹄的碎步声，一路看着天湖的暮色，沾一沾天湖的灵气，期望着给人们带来好的运气。

纳木错，纳木错！这个神仙居住的地方，使人有归属感。这里的一切与世无争，是人们找寻的宁静的乐土。在这一块净土里，你的身、语、意将融入这块圣地，没有世俗，只有喘息。这里应该就是传说中的香巴拉吧，像是一个世外桃源，又像是一个美丽的岛，或者是一个离地球不远的星球……到了纳木错就好像到了传说中的香巴拉仙境，绝妙无比。

香巴拉有没有，并不重要，重要的是西藏人民心目中向往着那神仙般的生活。纳木错给人无限的想象力，让来到这里的我们浑然不觉地走向了传说中的香巴拉，感觉自己置身于香巴拉。

藏历羊年，转湖的队伍终年不断。信徒们用信念的步履丈量着脚下神圣的土地，祈祷万物众生。

Qinghaihu

雪域高原的一面镜子

青海湖

选择它的理由

海拔3000多米的蓝色湖水，青藏高原独特的风情，蓝天、雪山、草原，牛羊踱步，百鸟鸣唱，飘舞的经幡，湖畔虔诚膜拜的信徒……广阔、圣洁、自由、宁静，一切都在这里找到了最好的注解。选择，还需要再多说吗？

海子说，“青海湖上，我的孤独如同天堂的马匹。”与耳畔满溢的嘈杂相比，孤独的感觉或许更加接近天堂。青海湖是可以让人放纵思绪自由流浪的地方，宁静不远，爱情不远，天堂亦不远。

位于青藏高原之上的青海湖，给人的印象一直是神秘的。

3000多米的海拔与祁连山的环抱，给了它一种拒人千里之外的意味。而这里自古就是遥不可及的“西海”，独特的地理位置与自然环境使然，这里长久以来一直蒙着一层神秘的面纱。

青海湖仿佛是一个绝世独立的笼着面纱的美女，追寻她的过程或许是艰辛的，而当你历尽艰险来到她的身旁，揭开面纱的时候，会发现真实的她远没有预想的那样冷傲。青藏高原绝非荒无人烟的不毛之地，而青海湖，更是这片广阔土地上的一泓温柔。

有人说，青海湖是地球上一滴蓝色的眼泪。只是，这滴眼泪大得超乎想象。在当地人口中，青海湖总是被唤作“海”的，当你置身其中就会发现，这种称呼其实再恰当不过。湛蓝的长空之下，铺展开一大片同样湛蓝的水面，极目远眺却依然无法望到尽头，甚至当你走近水滨，静静地聆听其中阵阵潮水的声响，竟也是如同在海边一般。青海湖的水面，是深深浅浅的蓝，换一个季节，或者仅仅换一个角度，会是不同的样子，却都是共长天一色，蓝得幽深浩渺，蓝得纯净无瑕。连天碧水少了些大海的夺人气势，却多了几分宁静与妩媚。那样的颜色足以追魂摄魄，让人甘心把眼神与灵魂浸入其中，涤去许久以来岁月的尘埃，回复初生时的圣洁。

青海湖上的沙岛

“青海长云暗雪山”，青海湖是3000多米海拔之上的湖泊，人与天空之间的距离被拉近了，一尘不染的蔚蓝天空，似乎伸

不 可 不 看 的 地 方

look

日月山、倒淌河：

日月山位于青海省湟源、共和两县的交界处，山顶有遥遥相对的日亭和月亭。倒淌河东起日月山，西止青海湖，自东向西蜿蜒40多千米。

look

鸟岛：

在青海湖的西北部，环境幽静，水草丰茂。每年都有上千只鸟栖息于此。5～7月这段时间是观赏鸟类的最佳季节。

INFORMATION

Location 地理位置

青海湖位于青藏高原东北部，环抱于日月山、大通山和起伏连绵的青海南山之中。湖面海拔3106米，面积达4456平方千米。

Climate 气候特征

气候凉爽，日平均气温一般都在15℃左右，是理想的避暑胜地。

Best Choice 最佳推介

时间：每年8、9月份，湖的北岸油菜花开放时景色最佳，如去鸟岛则以5月最好

心情：随意

旅伴：三五好友结伴或独自一人

手便可以触摸。高原之上的天气变得很快，片云可以致雨，也许刚刚还是艳阳高照，转而便是大雨倾盆。而天气好的时候，大团的白云仿佛成群的马匹在地平线上翻滚，雪山的轮廓也会格外清晰。在高原看到雪山是件很普通的事，连绵的白色峰峦在地平线上淡淡地为青海湖镶上一道银装素裹的远景。绿水无忧，因风皱面；青山不老，为雪白头。在此相映成趣，不必刻意经营，也无须费心去想象，都是造化随手点染的因缘。

在那云层之下，雪山之巅，水天相接的地方，常常有飞鸟的羽翼掠过。提到青海湖的鸟，不能不提鸟岛。鸟岛在青海湖西北部，是名副其实的“鸟的天堂”。每年5、6月份，会有成千上万的候鸟在此栖息，建巢筑窝，生儿育女。碧波万顷的湖面上，万鸟齐飞，带着你的目光与心情一起翱翔。

在青海湖与雪山之间，有着大片的草原，一马平川，公路在草原上笔直地延伸，一直到地平线汇成一个点。蓝天之下，一边是皑皑雪山，一边是蔚蓝湖水，而中间是浓绿的草原。如果是在

日月山是青海东部农业区和西部牧业区的分水岭。山麓两边景色迥然不同：山麓西边是广袤苍茫、牧草丰茂、牛羊成群的大草原；山麓东边是村落点点、梯田阡陌、麦浪滚滚的农区。

青海湖畔是有着悠久历史的优良牧场，早在汉代以前，羌人就在这里游牧。

油菜花开的季节来到这里，还会有成片金黄的花的海洋。大片的色块呈现在面前，单纯而热烈，心情也会随之单纯起来。

青海湖和纳木错一样，都是藏民心中的圣湖。藏民是不会在青海湖中游泳的，也不会去吃湖里的鱼，他们生活在湖畔，一代又一代谨慎地守护着湖水的圣洁。不时会有一些信徒来这里环湖，为了某个心愿顶礼膜拜，沿着湖畔一遍遍地磕着长头。虔诚本身就是一种力量，而对于我们这些人来说，能够环湖走上一圈，寻回失落的虔诚，把它交给我们生长于斯的自然，让掠过高原的长风冷却内心的浮躁，用不停的脚步打磨自己的性情，在湖畔那一座座高高堆起的玛尼堆旁，领悟有关信念的一切，也是一次难得的心灵之旅。

海拔3000多米的蓝色湖水，青藏高原独特的风情，蓝天、雪山、草原，牛羊踱步，百鸟鸣唱，飘舞的经幡，湖畔虔诚膜拜的信徒……广阔、圣洁、自由、宁静，一切都在这里找到了最好的注解。选择，还需要再多说吗？

Ali

离天最近的地方

阿里

选择它的理由  

白色的云、黄色的山、红色的草、蓝色的湖、银色的雪，那是不可思议的奇观、不可思议的美丽。美得恬静、美得圣洁、美得尊贵、美得智慧。它是如此动人心魄，足以收归世上所有惶恐无所依的灵魂，却又是如此安然大度，足以消解世间一切的躁戾。

西藏是世界屋脊，而阿里则是“屋脊上的屋脊”，其奇特的高原风貌吸引着无数探险者们去征服它。在藏民的心中，阿里的玛旁雍错是“圣湖”，冈仁波齐峰是“神山”，它们是“世界的中心”。这不仅因为它的高海拔，还因为它迷人独特的景色，让所有的人可以释放心灵，做回最真实的自我。

坐落在阿里境内的冈仁波齐峰，被誉为中亚宗教的精神之山。山形似橄榄，峰顶如七彩圆冠，周围像八瓣莲环绕，山顶长年堆积白雪，如水晶浇砌玉镶冰雕，顶尖直插云霄。从金沙江畔、青藏高原以及从印度、尼泊尔前来转山朝圣的信徒长年不断。在圣湖可以比较清晰地看到神山。乌云散去后的冈仁波齐，露出金字塔般的标志山形，我们甚至可以比较清楚地看到山上隐约的佛教万字符，据说那是天然形成的雪梯，非常神奇。

关于玛旁雍错的故事和传说数不胜数。玛旁雍错海拔4588米，面积412平方千米，是西藏的三大圣湖之一，也是世界上海拔最高的淡水湖之一。她的神圣与冈仁波齐一起赋予了阿里双重的诱惑。天气晴朗时，湖水颜色层次多变，远眺气势磅礴，湖边鸟类繁多。在圣湖岸边可以清楚地看到冈仁波齐和纳木那尼两座山峰。纳木那尼是阿里地区海拔最高的山峰，海拔7694米，与冈仁波齐遥遥相对，煞是精彩。

西藏阿里拥有十分丰富的人文和自然景观。曾经延续700多年辉煌的古格王朝就诞生在这里。300多年前，这个鼎盛一时的王朝谜一样地消失了。它的历史没有留下可靠的文字记载。今天我们甚至找不到那个王朝臣民的后裔。如果没有一片古格废墟残留至今，那700多年轰轰烈烈的王朝历史就会像从来没有发生过一样。

日出时的古格，美得难以形容。金色的阳光一点点地移到古格遗迹上空，移到四周天然的也许已经静默上千年的土林上。这里的气候比较干燥，否则土林难以如此完好地保存千年。在这里，能看见深蓝的天空，而且天空一丝云都没有，一片广阔的深蓝，蓝得像深海一般。在任何别的地方都见不到这样的天空，确实蓝得有些古怪，而且直至正午12点，月亮还高高地挂在天上，

班公错，一半在中国的阿里地区，另一半则在印度，是一个狭长的湖。有趣的是，虽然同属一湖，在中国境内的是淡水，而印度境内的是咸水，苦涩，不能饮用，也没有鱼类生长。

INFORMATION

Location 地理位置

阿里地区地处祖国西南边陲，位于西藏自治区西部，北邻新疆维吾尔自治区，西南与印度及尼泊尔毗邻。平均海拔4500米以上，号称“世界屋脊的屋脊”。

Climate 气候特征

大部分属高原温带季风干旱气候区。热量水平南北不同，气温年较差较大，雨季有较大的降水外，干季也有较丰富的降水量。

Best Choice 最佳推介

时间：每年的5~7月上旬以及8月中旬~10月

心情：新奇、冒险

旅伴：朋友、探险一族

日月同辉，可是一点不假。

古格的外表看上去几乎是废墟，里面却内有乾坤。洞穴处处曲径通幽。层次分明的建筑，从上往下依次是王宫、寺庙和普通民宅，整个遗址似乎没有特别的保护。古格有著名的壁画和雕像，千年的壁画和雕像呈现面前，确实精美，令人叹为观止。

在远处眺望古格遗址，荒凉、寂静、神秘、孤独。这记载着千年历史的遗址就这样孤零零地站在高处冷眼看着过往的人间百态。千百年前它如此，现在还是这样，除了历经岁月的轮回显得更为沧桑外，变化的恐怕只是这个世界的生灵吧。

白色的云、黄色的山、红色的草、蓝色的湖、银色的雪，那是不可思议的奇观、不可思议的美丽。美得恬静，美得圣洁，美得尊贵，美得智慧。它是如此动人心魄，足以收归世上所有惶恐无所依的灵魂，却又是如此安然大度，足以消解世间一切的躁戾。

100多万年前，阿里地区札达到普兰之间是个方圆500多千米的大湖。喜马拉雅造山运动使湖盆升高，水位线递减，逐渐冲磨出建筑物一般惟妙惟肖的形状与层高。

阿里，那样地辽远、开阔、苍茫、质朴，那山的故乡，鹰之乐园，不正是一个纯真而美丽的梦吗？希望这梦永远都不会醒！

Chapter 03

我本楚狂人

——10个最适合探险的地方

〔珠穆朗玛峰〕
〔乔戈里峰〕
〔贡嘎山〕
〔梅里雪山〕
〔雅鲁藏布大峡谷〕
〔神农架〕
〔腾冲〕
〔四姑娘山〕
〔长江三峡〕
〔怒江大峡谷〕

Zhumulangmafeng

心灵的守望

珠穆朗玛峰

选择它的理由

凝视珠峰，会使人们久久沉浸在那超凡脱俗、雄壮肃穆的气氛之中。珠峰能唤起这样的画面：湛蓝的天空、飘动的经幡、洁白的佛塔、皑皑的雪山、悠闲的牦牛、晨雾中挤牛奶的姑娘。

西藏，总是那么古拙明丽，总是那么高远神秘，在雪山荒原上走一段长长的日子，那里民风的古朴和风光的绮丽，会让你尘俗尽去，灵性充盈，而那时如果立于世界之巅你会想起谁？还是

无语？珠穆朗玛峰会给你答案。

珠穆为藏语“女神”之意，朗玛是“第三”之意，峰顶终年积雪，常为劲风吹拂，飘飘洒洒，状若女神面纱，丽日青云之下，瑰丽非凡。远望冰川悬垂，银峰高耸，一派圣洁景象。早在唐朝时，在一本书中就提到珠峰。1712年，清政府派遣技术人员到此，第一次测量了珠穆朗玛峰，精确地标出其地理位置，并在地图上使用藏族的传统名称“珠穆朗玛阿林”。“阿林”是满语“山峰”的意思。

珠峰周围20千米的范围内，群峰林立，全世界14座8000米以上的高峰中有4座在这里，还有38座7000米以上的山峰，形成了一幅群峰来朝、峰头汹涌的波澜壮阔的场面，被誉为南极、北极之外的世界第三极，而珠峰则被称为万山之尊。据科学家测定，珠峰现仍在不断上升，平均每年以3.2～12.7毫米的速度，继续刷新它自己所创造的世界最高纪录。2005年5月22日，中华人民共和国重测珠峰高度，登山队成功登上珠穆朗玛峰峰顶，再次精确测量珠峰高度，珠峰新高度为8844.43米。

每当旭日东升，巨大的珠峰在日光照耀下，绚丽多彩，就像一座巨型金字塔，横空出世，昂首天外。直上云天的雪山巍峨高

珠峰下的经幡

珠穆朗玛峰旗云

耸，山势险峻，雪峰就像女神的水晶头饰，在阳光的照耀下闪烁着日月般的熠熠光辉，终年积雪的山峰上飘浮着洁白的“丝带”，像一条白色的旗幡，由西向东在高空疾风中招展，这就是珠峰最有名的景观——旗云。变幻莫测的旗云使得“女神”时而安详如少女、时而肃穆如智者、时而狰狞如天神。其实，“女神”震怒的时候，如果有一条长长的旗云飘动在峰顶，就说明上面正刮着9级的大风雪，虽然山脚还是一片安详。

珠峰的山脚是莽莽原林，再往上为一望无涯的草原，重山之上，叠翠欲滴，云雾缭绕。森林中有无尽的奇花异草；原野上有成群的斑鹿羚羊；牦牛三五成群步履蹒跚，装点湖畔的悠闲；画眉杜鹃在树梢舞蹈，歌唱真实的快乐；野兔在草地上无忧无虑，渲染山原的嫩绿……勤劳的藏民奔波于一天的生计，遥远的女神无声守望着她的子民，柔美、静穆，宛如云中仙子。

海拔5100米的地方，分布着数百条大小冰川；一条条冰川像蜿蜒的银蛇，最长者达26千米，玉龙奔涌。其间夹杂着幽深的冰洞、曲折的冰面溪流，景色无比奇特壮观。海拔5300米的山谷地带，分布着大量晶莹剔透、笔直矗立、千姿百态、瑰丽罕见的冰塔林，一座座冰塔耸立，有的似高楼、有的纤细如柱、有的像冰桌……这些大自然精工巧做的冰塔林长达10多千米，犹如仙境广寒宫。之上就是苍茫的山与无尽的雪，山嶙峋，雪宁静，生命在那里是渺小的。

INFORMATION

Location | 地理位置

位于喜马拉雅山中段之中尼边界上、西藏日喀则地区定日县正南方。

Climate | 气候特征

珠穆朗玛峰气候具明显季风特征。冬半年干燥而风大，为干季和风季。夏半年为雨季。珠穆朗玛峰南北坡气候差异很大，南坡降水丰沛，具有海洋性季风气候特征；北坡降水少，呈大陆性高原气候特征。

Best Choice | 最佳推介

时间：4～5月和10月

心情：虔诚与企盼

旅伴：朋友或者一人

面对世界之巅，不去攀登珠峰有很多的理由，因为攀登珠峰本来就是非理性的行为——是欲望战胜理智。任何会认真考虑这样做的人几乎都超越了理性的范畴。1953年5月29日，来自新西兰的34岁登山家埃德蒙·希拉里作为英国登山队队员与39岁的尼泊尔向导丹增·诺尔盖一起沿东南山脊路线登上珠穆朗玛峰，是纪录上第一个登顶成功的登山队伍。1960年5月25日，王富洲、

不可不看的地方

look

绒布寺：

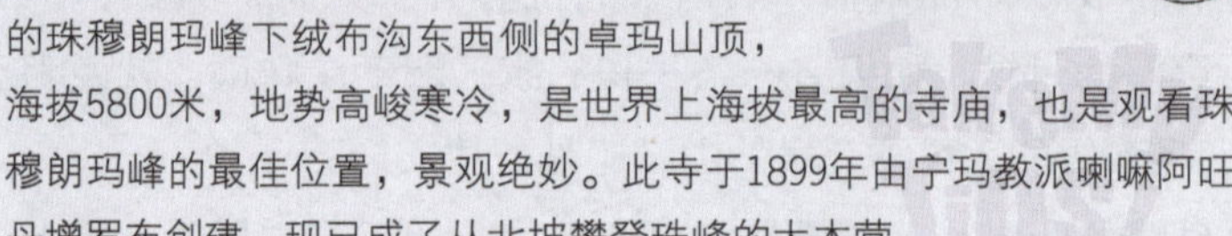

位于西藏日喀则地区定日县巴松乡南面的珠穆朗玛峰下绒布沟东西侧的卓玛山顶，海拔5800米，地势高峻寒冷，是世界上海拔最高的寺庙，也是观看珠穆朗玛峰的最佳位置，景观绝妙。此寺于1899年由宁玛教派喇嘛阿旺丹增罗布创建。现已成了从北坡攀登珠峰的大本营。

贡布、屈银华三个中国人首次登上珠穆朗玛峰，此次攀登，也是首次从北坡攀登成功。身在云雾中零距离靠近珠峰，站在世界之巅，真正的一览众山小，豪情之外想必还有些喜极而泣，因为眼泪在那一刻会模糊你的视线。

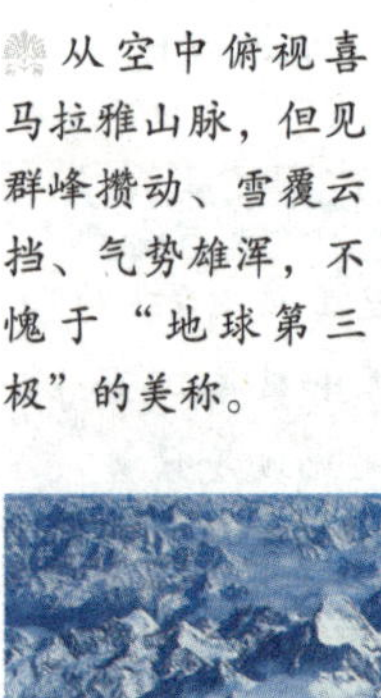

从空中俯视喜马拉雅山脉，但见群峰攒动、雪覆云挡、气势雄浑，不愧于“地球第三极”的美称。

珠峰的美丽源于我们心灵的守望。凝视珠峰，会使人们久久沉浸在那超凡脱俗、雄壮肃穆的气氛之中。珠峰能唤起这样的画面：湛蓝的天空、飘动的经幡、洁白的佛塔、皑皑的雪山、悠闲的牦牛、晨雾中挤牛奶的姑娘。

〔难以企及的仰望〕

→乔戈里峰

选择它的理由

乔戈里峰是一处遥不可及的秘境，它是一座登山家们梦想攀登的山。对于真正的攀登者来说，它一半是天堂，一半是地狱。而无论是到达天堂还是坠入地狱，你都能感觉到两种境地的存在。在天堂与地狱之间，攀登成为一种严酷的考验。

“乔戈里”，塔吉克语，意为“高大雄伟”；而当地的巴帝斯的语意则为“洁白的神峰”。乔戈里峰海拔8611米，位于中国新疆和巴基斯坦边界上，是喀喇昆仑山脉的主峰，也是世界上第二高峰，被喻为“万山之父”。国际上通称乔戈里峰为K2，这是它更通行的名字。因为乔戈里是喀喇昆仑山脉第二个被人类考察的山峰，K则为喀喇昆仑山脉的英文首字母。

INFORMATION

Location 地理位置

乔戈里峰位于东经76.5°，北纬35.9°，坐落在喀喇昆仑山脉的中段。乔戈里峰在中国境内的一侧位于新疆维吾尔自治区塔什库尔干县境内。

Climate 气候特征

乔戈里峰地区气候十分恶劣。每年5～9月，西南季风送来暖湿的气流，化雨而降，是本地区的雨季。9月中旬以后至翌年4月中旬，强劲的西风凛冽而至，带来严酷的寒冬。峰顶的最低气温可达-50℃，最大风速可达25米/秒以上。

Best Choice 最佳推介

时间：登山活动最好安排在5～6月初进山，7～9月开始攀登

心情：虔诚而勇敢

旅伴：志同道合的朋友

在乔戈里山区生活的当地老人

乔戈里峰可不是一般的山峰，它和金字塔居然有着微妙的关系。乔戈里峰呈现漂亮的圆锥形，峰额就是金字塔形，除了大小，乔戈里周围的冰川和小山峰与大金字塔周围的3座小金字塔惊人的相似，乔戈里峰和金字塔4个面的方位、方向也一样，乔戈里峰4个面都有微微突出的山脊，而大金字塔的4个面都微微凹进去一点，似乎，乔戈里峰就是大金字塔的设计者呢。大自然在这里又体现了神秘的定数，留给后世一个永恒的谜团。

乔戈里峰，这个卓尔不群的山峰，晴天时，一大缕如炊烟状的洁白云彩挂在它那傲然挺立的山巅，山如旗杆，云如旗帜，这就是传说中的旗云。你的灵魂会被它征服，在和天空大地、日月星辰的对视中感受它那永恒的气息。乔戈里峰西南侧冰崖壁立，黑岩突出，山势险峻。而它的东南侧，在陡峭的坡壁上布满了冰崩和雪崩的溜槽痕迹。这些千姿百态的由冰雕刻成的山峰及粗壮威严的岩壁，就像是现代城市中的摩天大楼，真可谓是山之天堂、冰之故乡。

乔戈里，虽然为世界第二高峰，但就攀登难度和死亡比率

来说，要远远高于世界第一高峰——珠穆朗玛峰，登山者的死亡比率为1：7，这是个很可怕的数字，所以登山界称之为“野蛮暴峰”“没有回报的山峰”等。乔戈里峰对于我们来说仍然是一处遥不可及的秘境。它是一座登山家们梦想攀登的山，对于真正的攀登者来说，它一半是天堂，一半是地狱。而无论是到达天堂还是坠入地狱，你都能感觉到两种境地的存在。在天堂与地狱之间，攀登成为一种严酷的考验。

在2003年一年的时间里，先后有262位登山者登上了珠峰的峰顶，而乔戈里的登顶人数50年加起来只有200位左右。珠峰大本营人声鼎沸，热闹非凡；而乔戈里大本营位置偏僻，坐落在一个大冰川上，是个用碎石搭建的宫殿，平时只有几个巴基斯坦工人。乔戈里从北坡大本营到顶峰，垂直落差达4700米，连珠峰都逊色很多，这又增加了登顶的难度。

1902年，英国登山队首次攀登乔戈里峰以失败告终。直到1954年7月31日，意大利登山队的日勒·拉切捷利和阿·康比奥氏2人，从巴基斯坦一侧沿东脊攀登，才开创首次登顶的纪录，费时将近100天。2004年，中国西藏登山队的7名勇士成功地登上了乔戈里峰之巅。此外，乔戈里还被传为是拒绝女性的山峰。至今，仅有5位女性登上了乔戈里峰峰顶，但都死于非命。其中3位是在登顶后的下撤途中身亡，另外2位虽然成功下撤，但都在6年内分别死于其他山峰的攀登过程中。

然而，在一流登山家的心目中，乔戈里仍是最美的山峰。

乔戈里峰下的樱花

雪域高原上的神山

贡嘎山

选择它的理由

在贡嘎宁静的时空中，山与天、太阳与云朵旁若无人地挥洒着自己最初的美丽与辉煌，风在这里都不忍前行，停住了脚步。

贡嘎山是很多人的梦想，因为它“一半在天上，一半在人间”。藏语“贡”是冰雪之意，“嘎”为白色，贡嘎意为“白色冰山”。在当地人的心中，贡嘎山是能代表某种精神和某种神性的“群山之王”。同时，贡嘎山也是最难见其尊容的“神秘之山”。人力所达的地方，仅有几处可以在天气晴好的时候见到它的金字塔形主峰，六世达赖仓央嘉措写的情诗“压根儿没见最好的，也省得情思萦绕。原来不熟也好，就不会这般颠倒”。用来形容贡嘎山却是贴切。

贡嘎山海拔7556米，是四川省的最高峰，被称为“蜀山之王”。它是横断山脉第一高峰，周围林立着145座海拔五六千米的冰峰，全山高峻挺拔，在群山中突兀着，孤独而傲视群雄，静穆地伫立在那里，群山在它脚下如孩童般纤小稚嫩，恭敬顺从地排列着整齐朝拜的队伍。积雪终年不化，洁白的冰峰远远望去，浮现在茫茫山海之上，庄严神秘，令人肃然起敬。

在贡嘎宁静的时空中，山与天、太阳与云朵旁若无人地挥洒着自己最初的美丽与辉煌，风在这里都不忍前行，停住了脚步。

特别是晴空万里之时，被朝辉、晚霞所染，其“日照金山”的瑰丽辉煌，非亲历无法想象。雪峰浮于云端之上，如絮雪般的云海将山体下半部分遮盖住，眼前的天地极为纯净，天空的颜色是经常看到的高原蓝，一缕阳光十分精确地打在金字塔式的峰顶，雪峰散放着神圣的金属般光芒，透出摄人心魄的雄浑与庄严。亘古的冰山，那么圣洁、超凡、巍峨壮丽，又似一柄银光闪烁的神剑直刺天穹。山谷对面的密林在阳光照耀下格外墨绿，就像一条条旷古的绿色花环围绕起山地上方高不可测的那一片金黄的雪峰。山下河谷树影婆娑，源于折多山的溪水在宽谷中像时隐时现的游蛇。当太阳由红而淡，四周的山影、田园、河溪、草甸、房舍便也渐渐沐浴在了阳光之中，贡嘎山就渐渐褪去了金子般的色彩，还原了它洁白的身躯。

雪山的湖水自然不同于别处。贡嘎山周围高原湖泊星罗棋布，著名的有木格错、五须海、人中海、巴旺海等。有的在冰川脚下，有的在森林环抱之中，湖水异常清澈、透明，悬崖峭壁高耸入云，奇树凌空，怪石林立，巨石崖壁酷似雕刻而成，保持着原始的自然风貌。在雪线以下，山谷和山坡被茂密的原始森林所覆盖。森林中植物种类繁多，春来鸟语花香，秋来满山红叶。

贡嘎山上云雾飘绕，在湛蓝的天空下，衬托得分外清晰明亮。

INFORMATION

Location　地理位置

位于四川省甘孜藏族自治州境内，主峰海拔7556米，是横断山脉最高峰，号称“蜀山之王”。贡嘎山风景区面积达1万多平方千米，由海螺沟、燕子沟、木格措、塔公、五须海、贡嘎西南坡等景区组成。

Climate　气候特征

该区属温带高原气候。气候变化较大，每年6～10月为雨季，11月至翌年5月为旱季。年降水量800～900毫米，多集中在7、8、9三个月。一年里气温最高是4、5月份。

Best Choice　最佳推介

时间：一般多在每年5～6月的旱季和雨季交替期

心情：虔诚而安静

旅伴：三五好友

海螺沟营地内的木屋

冰川拥有凛冽的美。贡嘎山地区拥有众多的冰川，晶莹的现代冰川从高峻的山谷倾泻而下，将寂静的山谷装点成玉洁冰清的琼楼玉宇。巨大的冰洞、险峻的冰桥，使人如入神话中的水晶宫。其中最长的为海螺沟冰川，冰川、森林共存；更有中国最大的冰瀑布，高、宽均达1000米以上，瑰丽非凡。阳光照耀着泛蓝的大冰瀑布，放射出炫目的光彩。而每当雪崩发生时，冰雪飞腾，响声如雷，气势磅礴，真可谓“静如处子，动若脱兔”。冰川脚下的人中海和巴旺海犹如镶嵌在山谷中的蓝宝石，湖光山色、蓝天白云倒映其中，更加妩媚动人。

登临贡嘎山后，放眼望去，万里银白的雪域匍匐在山下，辽阔的视野和由山体的高度而产生的登山成就感让人震撼。不过由于其海拔非一般山峰可比，周围绕以峭壁，狭窄的山脊犹如倾斜的刀刃，坡壁陡峭，岩石裸露，坡度的高度落差极大，因此要求登山者做好充分准备，以免因劳累和寒冷导致半途而废。1932年，美国人首次成功攀登贡嘎山。1957年6月13日，中国登山队登上顶峰。1965年，国家邮政局发行《中国登山运动》特70邮票一套5枚，其中第一枚为登上贡嘎山，由此可见贡嘎山在登山者心目中的位置。

〔飞扬的灵魂之光〕

→梅里 雪山

选择它的理由

雪山的高山湖泊、茂密森林、奇花异木和各种野生动物是雪域特有的自然之宝。高山湖泊清澄明净，在各个雪蜂之间的山涧凹地、林海中星罗棋布，且神秘莫测，若有人高呼，就有“呼风唤雨”的效应，故而路过的人几乎都敛声静气，不愿触怒神灵。完好、丰富的森林是藏民们以佛心护持而未遭破坏的“佛境”。

Meilixueshan

INFORMATION

Location 地理位置

梅里雪山又称“雪山太子”，当地藏民视为“神山”，位于云南迪庆藏族自治州德钦县，处于金沙江、怒江、澜沧江三江并流地区，北连西藏阿冬格尼山，南与碧罗雪山相接，主峰卡瓦格博峰海拔高达6740米，是云南的第一高峰。

Climate 气候特征

受季风影响大，干湿季节分明。由于垂直气候明显，梅里的气候变幻无常，雪雨阴晴全在瞬息之间，雨季一般在7～8月。11月到第二年的3月，天气非常晴朗。

Best Choice 最佳推介

时间：理想季节是每年10月至次年5月的冬春季，最佳季节是10月底

心情：轻松愉快

旅伴：爱人、朋友

一山有四季，十里不同天。一座座山峰，好像一个个巨人，巍峨壮丽，神秘莫测。它们有的线条优美，亭亭玉立；有的玲珑晶莹，清丽脱俗；有的英武粗犷，气度不凡。这里，就是被詹姆斯·希尔顿称之为“美妙绝伦的金字塔”的梅里雪山。

梅里雪山，说它是险峻奇秀的神山一点都不夸张。当你进入梅里雪山腹地时，一排排雪峦绵亘不绝，一座座冰峰接踵而至，仿佛进入了雪山汇聚的世界，有超然入世的感觉。梅里雪山是一座庞大的雪山群体，其中最为险峻奇秀的有13座，俗称“太子十三峰”。如果碰上好天气，观看梅里绝对是一种幸福，天高云淡，风清日朗，雪峰没有乌云的缠绕，没有灰暗的羁绊，一个个神采奕奕。

当那傲然屹立于群峰之上的卡格博峰进入眼帘时，方可尽观奇特的冰蚀地貌之美。在阳光映照下，神山冰峰更是光芒四射，金字塔形的角峰，高耸峻拔。耀眼锋利的刃脊，规则地矗立着。优美的围椅状冰斗，孕育成永久积雪的怀抱。梅里最长的冰川——明永冰川，曲折蜿蜒，灼面夺目，从卡瓦格博峰往下呈弧形一直铺展到山麓的森林地带，它绵延十几千米，宽数百米。

随着太阳高度的逐渐降低，卡瓦格博峰变幻出多姿多彩的神情与魅力。夕阳下的卡瓦格博峰，披上金色的霞光，尽情地展露出沉入黑暗前那最成熟、最辉煌的美丽。峰下的飞来寺金碧辉煌，喇嘛白塔间，青烟缭绕，经幡飘扬，弥漫着神秘的宗教色彩。梅里雪山是藏传佛教八大神山之一，在藏民心目中，是至尊

至贵的神山。卡瓦格博，是他们心中的守护神。在拉萨甚至有这样的传说：你若今生有幸，登上布达拉宫便可在东南方向的五彩云层中看到卡瓦格博的身影。

梅里雪山山脚下的藏传佛教建筑

这里，梅里峰下，一切都是原生的，一切都是自然的，不施一分白，不添一分黛。云，慢慢散了，梅里峰露出大半个脸，洁白、明净。旁边是五虎峰，梅里峰的5个随从。这应该是梅里峰的“五虎上将”吧。

雪山的高山湖泊、茂密森林、奇花异木和各种野生动物是雪域特有的自然之宝。高山湖泊清澄明净，在各个雪蜂之间的山涧凹地、林海中星罗棋布，且神秘莫测，若有人高呼，就有“呼风唤雨”的效应，故而路过的人几乎都敛声静气，不愿触怒神灵。完好、丰富的森林是藏民们以佛心护持而未遭破坏的“佛境”。

天，海水般湛蓝，玉一样温润，帽子似的扣在了头上，低低的，似乎伸手就可够着；云，棉花般白净，纱一样轻盈，矮矮的，轻轻吹口气，就在山顶上飞扬了。空气清透，一缕缕阳光像一群群小孩，轻快地穿过松林，追逐着，嬉戏着，一路洒下片片笑语，留下斑驳身影。流动的风，送来了暖暖的松香，看不见，摸不着，却闻得到，缥缈的香味从头顶流水般蹿入，流遍全身，舒展开身上每一个毛孔，又从脚下缓缓地滑走。

尽管有这么多的不可遇、不可能，但丝毫没有动摇人们朝觐雪山的执着。见到美丽的雪山之巅固然是美事，但人们更醉心于长途跋涉的朝觐过程。在这个过程中，可以深深地体会藏民百折不回、绕山转经的虔诚与信仰。对于每个人来说，过程同样是精彩、快乐而美丽的。

不去天堂，就去梅里。

不 可 不 看 的 地 方

look 1 雨崩村：

雨崩村在主峰卡瓦格博南侧，女神峰缅茨姆北侧，五佛冠冰川下，是一个几乎与世隔绝的雪山下的美丽村庄。

look 2 月亮湾峡谷：

澜沧江在德钦境内流经150千米，在梅里雪山下形成月亮湾峡谷，圆月之夜，俯瞰高山峡谷，江水如带。

Take My Tips!

Yaluzangbudaxiagu

未知与期待

雅鲁藏布大峡谷

选择它的理由

如果要给大峡谷的景色做个概括的话，那就是“雅鲁藏布大峡谷‘秀’甲天下”：山秀、水秀、树秀、草秀、云秀、雾秀、兽秀、鸟秀、蝶秀、鱼秀、人秀、村秀……

有人说雅鲁藏布大峡谷就像佛教中幻化缥缈的香巴拉圣殿一样，是带给人类充满未知和期待的秘境。南迦巴瓦峰的雪霁云雾之下，是地球表面永恒的魅力之一，雅鲁藏布大峡谷雄伟、险峻、奇特、秀丽、神秘、圣洁，成为大自然奉献和人类历史探求的另一种辉煌。如果你没有见过它，你就不能说见过了最壮美的峡谷。

世界上海拔最高的河流——雅鲁藏布江生生地切开了横亘在前面的世界上最高的山脉喜马拉雅山脉，弯弯曲曲地流经西藏南部，围绕南迦巴瓦峰形成了一个举世无双的奇特马蹄形大拐弯，随后进入墨脱县，最后到巴昔卡，全长504.6多千米。大峡谷两侧，壁立高耸，南迦巴瓦峰和加拉白垒峰，巍峨挺拔，直入云端。峰岭上冰川悬垂，云雾缭绕，气象万千。在南迦巴瓦峰与加拉白垒峰间的雅鲁藏布大峡谷最深处达6009米，围绕南迦巴瓦峰核心河段，平均深度也有5000米左右，其深度远远超过科罗拉多大峡谷，当之无愧为世界第一大峡谷。

如果要给大峡谷的景色做个概括的话，那就是"雅鲁藏布大峡谷'秀'甲天下"：山秀、水秀、树秀、草秀、云秀、雾秀、兽秀、鸟秀、蝶秀、鱼秀、人秀、村秀……大峡谷的水秀，从万年冰雪到沸腾的温泉，从涓涓溪流、帘帘飞瀑直至滔滔江水，数百米的飞瀑……大峡谷的山秀，从遍布热带季风雨的低山一直到高入云天的皑皑雪山和茫茫的林海及耸入云端的雪峰。大峡谷处处景色，处处不同。

大峡谷是青藏高原最大的水汽通道，使藏东南地区成为"世界最高的绿洲"，这里云遮雾绕，气象万千，放眼望去，高处雪山冰川，其下满山满坡郁郁葱葱的原始森林，冰川往往能游弋到亚热带的常绿阔叶林中；春日桃花百里，秋日叶红似火，夏日漫山遍野绽放着争奇斗艳的各色杜鹃。山前河谷，清溪碧流，湖水荡漾，湖滩平原，水鸟飞翔，牛马漫布；山麓坡上，松林杉木，挺拔俊秀，林中猕猴攀跳。真是"似江南，非江南，又胜江南"。

不可不看的地方

look

扎曲村寨：

这是眺望南迦巴瓦峰和加拉白垒峰，俯视雅鲁藏布江的马蹄形拐弯和帕隆藏布的直角形拐弯的最佳地点。如果你能登上扎曲，那么沿线的风光都是你不能不看的，峡谷丛林、大瀑布、温泉、雪山湖泊、墨脱县的村落……

look

涅喀瀑布：

涅喀在藏语中是鱼嘴的意思，每年春夏之交，下游的鱼要在这里聚集，等待水涨后游向上游，形成一个天然的鱼库。涅喀瀑布是地质构造断裂形成的，一块巨大的圆形岩石阻碍江水下流而形成巨大的落差。

民风淳朴的峡谷内人家，至今仍保持着门不闭户的习惯。

去大峡谷一定要沿雅鲁藏布江江岸前行，会看到各种形状的黑色石礁在不宽的江面中凸现着，江水拍石之声震耳轰鸣。抬头是绝壁千丈，青天一线，前方活脱脱是巨兽利齿森森的牙床，下面到处都是会吞吃人的狭长石隙，一些地段的路看着平实，其实不过是落叶铺就的厚厚腐殖层，走时得百倍小心。一路上还不时能见到冰崩压倒的树木，多是些两三人都合抱不过来的大树，鸟鸣穿林，幽幽前路，绝对是一种勇气的考验。

如果时间充裕，不妨在大峡谷中选择一处村落小住数日，峡谷深处的墨脱至今是全国唯一未通公路的县城，但是在藏族人民心目中是宗教信徒朝圣的“莲花宝地”。那里居住着门巴、珞巴、夏尔巴人……在“上山到云间，下山到河边，说话听得见，走路得一天”的高山峡谷之中，仍维持独特的生产方式和风俗，质朴而圣洁。卡布村山泉环绕，用竹子破开的引水槽架在空中，弯弯拐拐，向南、西、东输送着泉水，孩童在泉水旁嬉戏，妇女在水槽旁忙碌；达古村、达林村、吞白村……峡谷深处的村庄散散落落，时间在那里是静止的，你不禁会感叹，仙人的生活也不过如此吧！

雅鲁藏布大峡谷的神秘面纱一层层被世人揭开，如出水芙蓉般屹立在世界的东方，是大自然对人类最慷慨、最丰盈的馈赠，我们所需做的就是保护。享受其美景更要保护其美景，不然愧对这个世界之最的厚爱。

INFORMATION

Location | 地理位置

位于西藏东南部，在米林县境内的南迦巴瓦峰脚下，大峡谷最深6009米，平均深度为5000米，无论从长度还是深度上，它都是地球上最长和最大的河流峡谷。峡谷的南侧是南迦巴瓦峰，北侧是加拉白垒峰。

Climate | 气候特征

这里是世界上山地垂直自然带最齐全丰富的地方，从高山冰雪带到低河谷热带季风雨林带，宛如从极地到赤道，由于受印度洋暖湿季风的影响，气候温暖潮湿，年平均气温都在5℃以上。

Best Choice | 最佳推介

时间：4～10月

心情：激动兴奋

旅伴：朋友

雅鲁藏布大拐弯从米林县派区开始，朝东围绕南迦巴瓦峰做马蹄形弯曲。峡谷内从海拔数百米的谷底到海拔7782米的南迦巴瓦峰顶，9个垂直自然带沿谷坡依序分布。

秘境探幽

神农架

选择它的理由

神农架披着一层神秘的外衣，撩拨着世人前往，偏偏它是那么实在，处处风光，处处精彩。每个角落都有故事讲给你听，它的大气、它的诡异、它的风情……摄人心魄，每个人都能在这里找到自己所钟情的、所留恋的。

千百万年来，神农架藏在秦巴深处人未识，像未出闺阁的少女吸引了无数的有情郎。相传上古时代，神农氏曾在此遍尝百草，为民治病。由于山峰陡峭，珍贵药草生长在高峰绝壁之上，神农氏就伐木搭架而上，采得药草，救活百姓，神农架因此而得名。

神农架的美丽是毋庸置疑的，山峦叠翠，激流飞瀑，无数神奇的植被不遗余力地争先炫耀自己的美丽，绿色、红色、黄色、白色由浅至深，每一种色彩都是那么丰富，点缀着巍峨的连绵起伏的群山。

当正沉浸于群山的美丽时，风景垭悄然来到了。眼前顿时豁然开朗，层层叠叠的山峦，白茫茫的云雾弥漫在周围，在山间飘荡，看上去亦真亦幻，宛如八仙过海里的奇景。据说风景垭的风景10分钟内可以变换多种，忽云、忽雾、忽晴空万里……让人百看不厌。其实，在神农顶、风景垭、燕子垭、天门垭，可以看到云海奇观，但往往山高雾大，让你云深不知处，不由得不心生恐惧。

在这些海拔两千多米的山林间，分布着很多巨石，这就是被称为“高山上的石林”的板壁岩。来到这里，会让人们怀疑这些石头是否从天而降，在这里你可以充分发挥想象。板壁岩就像一个山顶迷宫，箭竹漫山遍野，和遍地的高山草甸及挺拔的冷杉构成了一幅美妙的画面。林立的怪石，千姿百态、变幻莫测，最吸引眼球的是北坡上的一尊尊巨石，如母子相偎，又如恋人细语。

神农架的原始林区高达40余米，遮天蔽日，如擎天玉柱，直插云霄，遍布整个神农架，被誉为“华中屋脊”。这里生长着2000多种植物，聚集着500多种野生动物。林内松萝蔓藤密挂枝间，银须飘洒，把整个原始森林装扮得神秘莫测，这也是传说中“野人的出没地”。脚下软软的是厚厚的腐叶层，每一株树的枝干上都长着厚厚的青苔，不知名的树藤蜿蜒而上，似乎有白雾弥漫，更有禁区凸显其神秘，传说不慎闯到禁区的人会神秘失踪，连尸骨都不能找到。

一路行进前往神农顶，林海茫茫。参天古树，顶天擎云。少

神农架地区神农谷中的秀美景色

不可不看的地方

look

1 大九湖景区：

是神农架山脉西端的起点，距松柏镇3千米，可通往巴东神农溪。是以高山草甸、湿地和牧场、土家族民俗观光度假为主的风景区。

look

2 木鱼景区：

在林区南部，海拔1200米，气温凉爽，水源充足，距三峡水利枢纽工程中堡岛仅100千米，距松柏镇112千米。该景区以神农文化为内涵，集淳朴小镇与珍稀濒危古树为一体。主要景点有：神农祭坛、小当阳、香溪源、杉树坪原始森林。

顷，海拔陡然升高，醺醺然恍若云中行。绿水尽头，奇峰竞秀，林海深处，云雾缭绕。枯藤老树，依山傍水，青林翠竹，四时俱备。立在神农顶上，千丈绝壁下，浓雾缭绕，雾中若隐若现的千峰万壑顿时呈现惊心动魄的狰狞。

神农溪发源于神农架的莽莽青山之中，溪水清洌明净，两岸山峰奇峻。自溪口上溯依次有龙昌洞峡、鹦鹉峡、锦竹峡，又称“神农三峡”。此三峡的风光不亚于长江三峡，“险、秀、雄”各具特

神农架山地陡峭，植被垂直分布规律十分明显，呈现“山脚盛夏山岭春，山麓艳秋山顶冰，赤橙黄绿四时备，春夏秋冬最难分”的奇妙景象。

色，崖壁上散布着古栈遗迹，危崖千仞的半山腰残留着古代巴人和僚人的崖葬悬棺，还有诡秘莫测的土家先民居住的洞穴。

神农溪沿途接纳17条溪间，8处百米瀑布，且多暗河分布其间。其实，此处最有韵味的便是神农溪漂流，神农溪漂流使用的是一种形似豌豆角的扁舟。坐上这种古香古色的小船，在碧水清波上悠然漂流，会使你感到一种原始的野趣。人与舟漂行其中，简直被翠色包围，不由心净如洗，使人有一种远离尘世的感觉。

苍茫的林海，完整的原始生态系统，丰富的生物多样性，宜人的气候，原始古朴的内陆高山文化，共同构成了神农架绚丽多姿的风景画卷。

提起神农架，不得不说起此处神秘的生物，白熊、白蛇、白喜鹊、白猴、白獐、白麂、白乌鸦，甚至还有白蛤蟆，古今中外还没有一个地方能发现像神农架这样众多的奇异的白化动物。如果幸运，能够与其中一二相逢，真是不虚此行。由于喀斯特地貌发育所至，神农架境内洞穴密布，叠转迂回，千奇百怪。有万燕栖息的燕子洞，时冷时热的冷热洞，一日三潮的潮水洞，盛夏冰封的冰洞，长年刮风的风洞，绝壁生花的水帘洞，水晶宫似的三宝洞……神秘离奇，令人惊叹。

神农架还有众多未解之谜，不妨沿神农的足迹来此探险，一处神农架足以抵得万千景区。

INFORMATION

Location 地理位置

神农架位于湖北省西部边陲，面积3250平方千米，林地占85%以上，森林覆盖率69.5%。东与湖北省保康县接壤，西与重庆市巫山县毗邻，南依兴山、巴东而濒三峡，北倚房县、竹山且近武当，是中国唯一以“林区”命名的行政区。

Climate 气候特征

神农架是长江和汉水的分水岭，位于中纬度北亚热带季风区，随海拔增高，依次迭现暖温带、中温带、寒潮带等多种气候类型，境内极端低温-21℃，极端高温38.5℃。

Best Choice 最佳推介

时间：每年的6～10月，不过12月至次年2月的神农架雪场也不容错过。

心情：猎奇

旅伴：好友

Tengchong

最热情的土地

腾冲

选择它的理由

腾冲之行，绝对是体验式的旅行，值得用心去体会儒雅，用情去看待自然，用双脚去探险，用双手去抚摸，用自己的身体去体验。这是一幅瑰丽的画卷，不是简单的素描。

从地球的这一端走到另一端，是旅游；身未动，心已远，也是旅游。其实，旅游更多是一种体验、一个概念。云南西部的腾冲游便是一种人文历史自然融汇的体验，心灵所受的震撼让你无法言说。

海拔1600多米的腾冲位于高黎贡山西麓的一个坝子里。群山万壑偕无数，青峰混合于云山环抱中浅浅的大草甸，清新宁静别无污染的黑土地上面长满了牧草，山上遍野覆盖着大片大片知名或不知名的野草药类，构成山地美轮美奂的人间仙境，恰如唐代诗人王维笔下的《终南山》："……连山到云隅。白云回望合，青霭入看无。分野中峰变，阴晴众壑殊。"

到边城腾冲，必去侨乡和顺。到了和顺，一定要走进那些小巷深处的侨乡人家。和顺的整个住宅依山而建，渐深渐高，层次感很强。村中的大路小巷，全都是石板路，感觉非常古朴，600年的风雨在每一条巷道的每一块石板、每一片青瓦、每一垛灰墙上，都刻下了深深的印痕。淙淙的溪流，流不完边地古镇的儒雅传奇。那些奔走夷方的和顺人，他们难忘故里情，便在湖畔溪旁修建了一座座可遮风挡雨的洗衣亭，站在任何一条巷口，几乎都可以望见这些小亭子。睹物思人，亭里捣衣声，悠悠亲人情。有人说与丽江相比，和顺古镇更加原生态，这才是彩云之南的故乡。

在和顺大石巷，有一座依弯曲的小巷而设计的中西合璧的老房子，那就是著名的"永茂和"商号的弯子楼。那弯曲的墙体，不正是大雅和顺的精神文化内涵吗？而水碓村巷口的艾思奇故居，同样是一种象征。依山临水的西式老房子，门前闪现着毛泽东题赠艾思奇的"学者、战士、真诚的人" 8个大字。更能代表和顺文化的其实是和顺乡村图书馆，极地边城有中国最大的乡村图书馆，藏书非常之多。在和顺，"文化之津"的舟楫穿梭

腾冲的火山

INFORMATION

Location 地理位置

腾冲位于云南西部，西部与缅甸毗邻。距昆明770千米，面积5848平方千米。

Climate 气候特征

腾冲属热带季风气候，平均气温14.8℃，冬无严寒，夏无酷暑。

Best Choice 最佳推介

时间：四季均可，春、夏两季更具特色

心情：憧憬和猎奇

旅伴：志同道合的朋友

腾冲热海是一个热气蒸腾的山谷，有14处温泉群，最有名的要数大滚锅。大滚锅，是一处水面温度达96.6℃的沸泉。泉成圆形，近看，温泉池沸水喷涌，浪花翻卷，冲天蒸气若云若雾，源源不断。

如织，中国士大夫们所钟情的那种儒雅，出世的情调弥漫在空气中，蒸腾在天地间，浸润到人的骨缝里。

腾冲确实为神奇之地，每一个角落都飘溢着空灵的人文气息，它更向人类炫耀着大自然的神奇。这里有中国最密集的火山群和地热温泉。90多座火山雄峙苍穹，80余处温泉喷珠溅玉。火山锥万年屹立，深色无语，与其并生的还有巧夺天工的火山溶洞，势若万马奔腾的熔岩流凝成的石山，幽静神秘、深不可测的火山口湖，千姿百态的堰塞瀑布。种种奇观妙景，让人惊叹自然的诡异。

火山的雄浑壮阔与地热温泉的柔旖形成了阳刚之美与阴柔之美的最佳组合。腾冲泉眼以万来计数。几百万年前的火山余烬在煮着热海，热海真正的魅力在于“蒸”，《徐霞客游记》里说“遥望峡谷蒸腾之气，东西数处，郁然勃之，如浓烟卷雾，东濒大溪，西贯山峡”，这就是蒸，云蒸霞蔚就是这种感觉，只是热海在低处，云在高处。来到这里不妨把自己抛进这云蒸霞蔚中，

不可不看的地方

look

叠水河瀑布：

位于腾冲县城西1千米，腾冲坝子西南端。波涛滚滚的大盈江水由东向西流经此处，从30多米高的岩石上跌落，瀑布就像被叠成二折，故称为“叠水河瀑布”。

look

国殇墓园：

位于腾冲县城西南1千米处的小团坡下，是为纪念抗日战争时期为收复腾冲之战中阵亡将士而修建的陵园。建成于1945年7月7日，安葬有8000多名为抗日捐躯的中国军人。

look

腾冲火山热海：

位于腾冲县城西南20千米，这片面积约9平方千米的地热温泉集中区，拥有较大的气泉、温泉群80余处，其中10个温泉群的水温达90℃以上，山谷间到处都可以看到热泉眼在呼呼喷涌，昼夜翻滚沸腾，四季热气蒸腾。

灵魂在绵绵不绝的蒸气中远离了身体，飘向了无边的天界。

北海湿地是腾冲的另一景致，火山爆发后的灰尘落入湖泊，漂浮其上，万年之后，水草丛生，风来便飘动。湖水清澈透明，可见水下缠绕的水草和游动的小鱼。5月湖面盛开紫色的鸢尾花，8月则遍布纯白色的野花。大片的稻田和湖泊，让人感觉来到了江南的水乡，从吱吱叽叽的竹桥上走过，阳光斜斜地照在草地上，远处摇橹人的小船在河道里静悄悄地滑行，火山在远处矗立，水面平滑如镜，不时有水鸟飞过，颇有“落霞与孤鹜齐飞，秋水共长天一色”之感。

腾冲之行，绝对是体验式的旅行，值得用心去体会，用情去看待，用双脚去探险，用双手去抚摸，用自己的身体去体验。这是一幅瑰丽的画卷，不是简单的素描。

位于腾冲县城以西1千米处的叠水河瀑布，四周是悬崖峭壁，大盈江水流经此处，从30多米的高岩上跌落，响声雷动，水花四溅，据说在阳光下常现出七色彩虹，非常漂亮。

Siguniangshan

阳光在冰雪中跳跃

四姑娘山

选择它的理由  

不要说那墨绿色的杉树林了，也不要说那明镜一样的高原海子了，更不必说那万古不化的雪山了，光是漫山遍野的花就不免让你回到孩童时期天真顽皮的状态。

她的美，让人窒息，山峰清俊，溪水潺流，花香四溢；她的美，自信而深沉，静等着每一个有缘来到这里的人们；她的美，让人觉得不真实，仿佛身处在仙境一般，让人沉迷、陶醉；她的美，你只有来过，才能感同身受。她就是被西方人誉为“东方圣山”的四姑娘山。

第一眼看她，白云浮在山头，宛如美丽的新娘穿着洁白婚纱。风从天外吹来，婚纱随风飞向蔚蓝的天际。新娘俏丽的脸露出来了，眉、眼、唇，明晰可辨，冰清玉洁。主峰幺妹峰，山体陡峭，直指蓝天，冰雪覆盖，银光照人，湛蓝的天空衬托出她那白皙的曲线，清澈见底的溪流犹如一条女子腰间的银带穿流于深山峡谷间。

第二眼看她，感动于高原特有的洁净蓝天、皑皑白雪。它们与奇峰异树、飞瀑流泉、草甸溪流相映成趣、互相交融、形成一幅美妙的人间景观，让人不禁感叹上帝造物的神奇。四姑娘山气候特殊，垂直高差显著，动植物资源十分丰富。走在其中，随处可见不知名的动物、植物，它的山山水水都是那样的原始、古朴、幽静和神秘。

第三眼看她，源自双桥沟的钟爱。它纵深30余千米，峡谷时宽时窄，宽阔处可达数千米，斜坡上覆以广阔的草坪，溪流蜿蜒其间，两岸沙棘树丛生，宛似一条绿色长龙绵延长达数千米。据说，每当金秋，树叶转红，又是一番景色。

第四眼看她，是对于海子的情结。阳光让万年的冰川融化了，先是涓涓细流，汩汩而过；后来，万千细流，汇成小溪；小溪在草甸上蜿蜒曲折，最后汇入海子。海子是高原的明镜，把蓝天、白云收入怀中。周围的雪山倒映水中，就好像雪山有一个孪生的姐妹，两个赌气，一个要上天，一个要入地。偶尔，天上一只苍鹰飞来，水里也有一只同样的飞来。水里的高原无鳞鱼，无疑是地球上最幸福的鱼，因为在这里，它们没有天敌，只有人，

四姑娘山具有浓厚的藏羌风情，藏族人家居住在此。

四姑娘山远眺

善良的藏民也不吃鱼。鱼成了海子的主人。

不要说那墨绿色的杉树林了，也不要说那明镜一样的高原海子了，更不必说那万古不化的雪山了，光是漫山遍野的花就不免让你回到孩童的天真和顽皮。5月刚过，不等山上的寒气完全退去，地下知名的、不知名的野花就迫不及待地探出头来；1～7月，所有的花朵竞相开放，个个都穿上了最艳丽的衣服，有一种谁也不让谁的气势，唯恐自己被比下去了，唱啊，跳啊，四姑娘山洋溢在一片花的海洋中。乌黑的牦牛和雪白的绵羊，三五成群地也过来凑热闹，它们或徜徉，或聆听，估计也是为了忙着寻找最美味的芳草，好填饱自己的肚皮。

四姑娘山，一个美轮美奂、让人魂牵梦绕的地方，令人流连忘返。来到这里，我们用自然来涤荡心灵，用原始来回归自我；来到这里，我们感动于蓝天的纯净、自然造物和民风的朴实。离开这里，我们会用心去沉淀她给我们灵魂的感悟。我们一直追求生活和寻找生活中让我们感动的一刹那，而这里给我们的感动不仅仅是一点点，她给我们心灵的涤荡和感悟值得我们一生去回味。

四姑娘山下的经幡

不可不看的地方

look

1 双桥沟：

它是四姑娘山最美丽的沟。景区分3段，下段为杨柳桥，有阴阳谷、白杨林带、日月宝镜山等奇景。中段为撵鱼坝，包括人参果、沙棘林、尖山子、九架海等景点。上段为牛棚子草坪和长河滩等景点。

look

2 海子沟：

全长29千米，面积约为100平方千米，沟内有花海子、浮海、白海、蓝海、黄海等10多个高山湖泊，湖水清澈见底。

look

3 长坪沟：

景区内有古柏幽道、喇嘛寺、干海子及高数十米的飞瀑，并有奇石之景。春天，山花与油菜花齐开；秋日，赤桦与红枫竞艳。

Take My Tips!

Changjiangsanxia

瑰丽绝妙的画廊

长江三峡

选择它的理由

今天再游三峡，已不简简单单只是为了景色。长江三峡的一山一水，一景一物，是诗是画，流淌在几千年的中华文化的血脉里，浸染了世世代代的中国人。

长江三峡是一个让人看过久久不能忘怀的地方，一个不能仅仅以“景色”简单视之的地方。旅游有两种意境，一为自然风光，一为人文景观；前者是对大自然美景的欣赏，后者是对历史发思古之幽情。若两者同时具备则为旅游之胜地，三峡就属于此类。三峡是古往今来文人墨客的灵感之泉，他们的诗赋或婉约、或豪放、或哀愁、或雄魂、或凄凉忧患、或荡气回肠。今天再游三峡，已不简简单单只是为了景色。长江三峡的一山一水，一景一物，是诗是画，流淌在几千年的中华文化的血脉里，浸染了世世代代的中国人。

长江一路奔泻而下，河谷宽阔，浩浩荡荡，可到三峡时突然被群峰束腰夹住，江水怒腾，恶山峥嵘。山水相搏达数百里，长江方逃出三峡，峡中也地裂山崩，伤残累累，却也成就了长江三峡壮丽的景色。有人称颂长江三峡，说其之美全在于“壮丽”二字，此言不虚。山、水、泉、林、洞、瀑，相映成趣，相得益彰。身临其境，可以游峡谷、赏花草、识鸟音、掬清泉、亲溪水、观巴舞、听楚歌、览大坝，这里无峰不雄，无滩不险，无洞不奇，无壑不幽，无一处不可以成诗，无一处不可以入画。

观三峡最好选择坐船，一是因为陆路基本不通，即便有一两段道路，也是荒败已久的古栈道，没人敢走。二是船上风光最好，那些把三峡风光写到极致的诗赋，想来都是船上所得，江边的景点更是船工和过客所起。不乘船怎能得三峡之真谛呢？不过乘船也有讲究，要选慢船，随船慢慢漂荡，轻松悠闲，远处林木苍翠，葳蕤绵绵，灌木青藤，依崖而下，峡谷上空有雄鹰盘旋，林间树梢有小鸟啁啾。美景接踵而来，又次第远去，就像欣赏一幅幅滚动的青绿山水长轴，好似聆听一首

在飞禽走兽难以栖身的悬崖绝壁上，古人凭着一锤一凿，开凿出三峡地区庞大的栈道网。三峡水库蓄水后，大多古栈道都已淹没水中。

INFORMATION

Location 地理位置

西起重庆市奉节县的白帝城，东至湖北省宜昌市的南津关，由瞿塘峡、巫峡、西陵峡组成，全长193千米，其中峡谷段128千米。

Climate 气候特征

三峡地段属温湿的中亚热带气候，气候受峡谷地形影响十分显著。最冷的1月份平均气温为7.1℃，最热的7月份平均气温为29.3℃；年平均降雨量在1000～1400毫米，多集中于7、8月份。

Best Choice 最佳推介

时间：每年10月下旬至12月中旬

心情：愉快兴奋

旅伴：朋友或知己

三峡两岸高耸的石壁

悠然的梦幻天籁之声。

长江三峡中第一峡为瞿塘峡，西起奉节白帝城，东至巫山的黛溪，全长8千米。长江三峡中最短的景色却最为雄奇壮丽。奇峰突兀，悬崖绝壁，山岭雄峻，如鬼斧神工开凿而成，两岸峭壁相距不过一二百米，却如门半开，激流飞下，气势磅礴，两岸青山耸立，蔚为壮观，“山似拔天来，峰若刺天去，锁全川之水，扼巴蜀之喉”。船行其中，俯瞰湍急江流，仰望一线天际，心中一定会感叹“天下雄”非瞿塘峡莫属。

从10月中旬开始到次年元月中旬，举目四望，满山的红叶灿烂。如果沿瞿塘峡内幽静的栈道缓行更可见美景，两旁斑驳的岩壁上是丛丛怒放的红叶，它们或枝丫挺立，或曲折低垂，天然的野趣叫人心生爱怜。几间屋舍点缀在山坡，芭蕉橘树散落在屋旁，农夫躬耕于梯田，童稚嬉戏于原野，山歌呼应于群峰间，渔樵问答于河岸旁。

长江第二峡为巫峡。巫峡，西起巫山大宁河口，东至湖北巴东县的官渡口，绵延44千米，是三峡中最整齐的一段峡谷。巫峡幽深秀丽，两岸峰峦奇形怪状，姿态万千，峡中西岸拥簇，群峰叠嶂，有12个山峰，婀娜多姿。尤以神女峰最为神奇，恰似一个亭亭玉立的少女，峰上云遮雾绕，恍惚间好似神女驾祥云飘然而至。民谚云："巴东三峡巫峡长，猿鸣三声泪沾裳。"山中的猿猴曾几何时已销声匿迹。但巫峡的千年云雨，在现在还不失一种奇观——如黛的远山被浓浓的大雾遮掩"庐山真面目"，并时时变幻着模样，一会儿与天衔接成一块，看不清山的走向和起止；一会儿露出浓墨似的一块山顶，如梦如幻，颇有国画的写意味道。

长江三峡中段的神农溪，溪水碧绿明净，两岸锦翠掩覆，小舟漂行其间，如入翠宫。

长江三峡最后一峡为西陵峡，它因西陵山而得名。该峡西起秭归香溪口，东到宜昌南津关，全长76千米，是三峡中最长的一个峡。峡中有峡，大峡套小峡；滩中有滩，大滩含小滩。灯影峡、空岭峡、牛肝马肺峡、兵书宝剑峡……奇峰剪影、山野情趣。不过，葛洲坝的建成使水位提高，出现了"高峡出平湖"的奇迹。

不 可 不 看 的 地 方

look **1**

丰都：

位于长江北岸，是传说中的鬼城。丰都有保存完好的明朝建筑奈何桥、阴王二仙塑像、皇城幽都、大雄殿、玉皇殿、百子殿、天子殿、鬼门关等。

look **2**

三峡大坝：

位于西陵峡中段的湖北省宜昌市境内的三斗坪，坝前是"高峡出平湖"，坝后是万马奔腾的江水，给古老的三峡增添了别样的感觉。

look **3**

大宁河小三峡：

长江三峡中的第一条大支流，发源于大巴山南麓，经重庆巫溪、巫山两县后注入长江。大宁河是一条美不胜收的河流。大宁河上也有一个三峡：为滴翠峡、巴雾峡、龙门峡，人称"小三峡"。风光千姿百态，神秘莫测，峡中奇峰突起，插入云霄，兼有长江三峡之胜，又别有洞天。

Nujiangdaxiagu

中国最神秘的大峡谷

怒江大峡谷

选择它的理由

怒江大峡谷景致辽远，古山古水如天风晃月般幽旷苍凉，风涛阵阵如狂涛巨浪般壮美绝响，原始古朴如世外桃源般清静雅致。它那以柔克刚永不屈服的顽强与坚韧，它那胸怀一切的博大和浩瀚，它那滋养生命的真诚和博爱，带给我们的不只是风光的旖旎，更是心灵的触动。

走进怒江大峡谷，就走进了世界上最神秘、最古朴、最原始的东方大峡谷。

怒江大峡谷有“水无不怒石，山有飞来峰”之称。两岸山势陡峭，堪比蜀道；上摩苍苍，下履漫漫，高山夹峙，危岩嶙峋；滔滔的怒江水咆哮着从大峡谷中穿过，好似奔腾向天的一群桀骜不驯的野马。山腰原始森林郁郁茫茫，遮天云雾在大峡谷上方萦绕。

怒江大峡谷景致辽远，古山古水如天风晃月般幽旷苍凉，风涛阵阵如狂涛巨浪般壮美绝响，原始古朴如世外桃源般清静雅致。它那以柔克刚、永不屈服的顽强与坚韧，它那胸怀一切的博大和浩瀚，它那滋养生命的真诚和博爱，带给我们的不只是风光的旖旎，更是心灵的触动。

怒江从千里雪域高原一路跌宕而下，九曲十湾。怒江第一湾雪浪拍壁，第二湾则陡然平缓；一状似寿龟，一形为盘蟒，一龟一蟒使这个地方充满着神秘而灵动的气氛。石门关处两座绝壁直插入江中，峥嵘的石岩拔地矗立，如刀劈斧削的坚实大门。奔腾的怒江在这夹缝般的峡谷中左右冲撞，发出雷霆般的怒吼，滔滔地向南奔泻而去。唐代边塞诗人岑参的诗云："双崖倚天立，万仞从地劈。云飞不到顶，鸟去难过壁"，真正地写到了极致。两面大绝壁倒映江中，天光云影也倒映江中，一切景物分不清是在天上还是在水里。福贡石月亮是谷中的一大奇景，它实际不过是高黎贡山上的椭圆形大洞，晴空朗朗下，清晰可见山峰拖着一轮明月高悬于天，俯视着怒江大峡谷的山水滔天波卷浪舒。

"一山分四季，十里不同天"是怒江大峡谷奇特之处，河谷里翠绿如碧，山巅上却是冰雪层叠。奇花、怪草、异树在这里茂盛地生长，野兽珍禽在这里嬉戏安居。沿怒江的泸水、福贡、贡山等几个县境内生活着傈僳族、怒族、独龙族、藏族等多个少数民族。不同的民族和村寨，不同的宗教和流派，不同的风俗和习性，在这块土地上组合成宁静清远的世外桃源。如果寻找一个美丽的地方诗意地栖居，可以选在怒江大峡谷深处。

这里有世界上最纯朴、最平和的人

INFORMATION

Location | 地理位置

位于云南怒江傈僳族自治州。怒江发源于青海唐古拉山的南麓，流经西藏、云南，出国境穿过缅甸，最后注入印度洋。云南境内的怒江，奔腾于高黎贡山与碧罗雪山之间，两山海拔多在4000～5000米，怒江河床海拔仅800米左右，河谷与山巅等相差达3000～4000米，形成著名的怒江大峡谷。

Climate | 气候特征

四季温暖，冬季日夜温差较大。

Best Choice | 最佳推介

时间：每年10～11月，2～4月

心情：好奇惊喜

旅伴：三五好友

不可不看的地方

look

1 石门关：

位于丙中洛附近，怒江流经此地时，江东的碧罗雪山和江西的高黎贡山之间顿时陡狭，犹如两扇敞开的巨大石门，江水由此冲出，怒吼着一泻千里。

look

2 丙中洛：

是怒江州最大的高山平地，也是怒江州最富庶的地方。这里满眼都是平展展的梯田，三面环山，峡谷深处，它天堂般的美丽和神秘被誉为“现实版的世外桃源”。

们。他们日出而作，日落而息，天很蓝，辽阔坦荡；云很晶莹，像雪山顶上未融的积雪。清新的风儿徐徐地吹动，一垄垄闪着金黄光泽的稻田上，成熟的稻子摇曳着自己的金色衣裳，错落的屋舍掩饰在参差的绿树中，白色的教堂顶隐约闪现，空气中漾动着泥土特有的芬芳，一切都沉静到了极点，纯粹到了极点。

怒江从西藏进入云南后，遭遇悬崖绝壁的阻挡，由原来的南北流向急速改为由东至西，西转300米后，又遭遇陡坡，再次转弯，向东流去。

很久以前，传教士曾在这里传教，浓郁的宗教氛围现在依然弥漫着。天主教、基督教、藏传佛教共存，一家人信仰自由，互不干涉，这是一种只有用神话才能描述出来的神秘。百花岭的傈傈人并不识字，却能靠残存的记忆吟诵着贝多芬的《欢乐颂》，颂歌声像一阵阵温馨的清风，潇然吹到巍然缥缈的天穹之中，那么温润、那么轻柔、那么纯净、那么圣洁！行走在这天籁之声中，似乎要与众神相会……

怒江大峡谷庇佑着他的子民，隔绝了外界的喧嚣，也成就了自身的神秘。

Chapter 04

此情可待成追忆

——8个最适合怀旧的地方

〔丽江古城〕
〔乌镇〕
〔平遥古城〕
〔周庄〕
〔凤凰古城〕
〔安徽民居〕
〔福建土楼〕
〔开平碉楼〕

Lijiangguchen

东方威尼斯

丽江古城

选择它的理由

有人说，100个人到丽江会发现100种丽江风景，可以发思古之幽情，也可以感悟人生。丽江对都市人最大的吸引，莫过于，它总是安安静静、不动声色地在那里等待着你的独特发现。

“家家门前垂杨柳，户户房后清水流。”流动的城市空间、充满生命力的水系、风格统一的建筑群体、尺度适宜的居民建筑、亲切宜人的空间环境以及独具风格的民族艺术内容等，使其有别于中国其他历史文化名城，它就是有“东方威尼斯”之称的丽江古城。

踏着五彩石铺就的街道缓缓步入古城，望着身边欢快跳动的小溪，听着它奏出的一个个音符，豁然而悟：以山为骨架，以这古老的建筑为肌肤，那这水不正是古人赋予古城的灵魂吗？终于知道为何玉河水来到古城后一分为三了，不是要古城形似江南，也不是要古城变成东方威尼斯。古城是有生命的，它需要使它生命沸腾的热血！

在丽江古城，可登高览胜，观古城形势。古城巧妙地利用了其特有的地形，西有狮子山，北有象山、金虹山，背朝西北面向东南，避开了雪山寒气，接引东南暖风，藏风聚气，占尽地利之便。在这里，可临河就水观古城水情。古城充分利用泉水之便，使玉河水在城中一分为三，三分成九，再分成无数条水渠。使之主街傍河、小巷临渠，古城因此清净而充满生机。在这里，可走街入院赏古城建筑。古城建筑全为古朴的院落民居，房屋构造简单、粗犷，而庭院布置和房屋细部装饰则丰富而细腻。居民喜植四时花木，形成人与自然的美好和谐。在这里，可入市过桥览古城布局。古城布局自由灵活，不拘一格，再加上民风民俗，生发出无穷意趣，使古城独具魅力。

古城从宋末至今已经历了800多年的风风雨雨，在这800多年的风雨轮回中，它拒绝了现代都市文明的诱惑，依然保持着它的最初。也许有人这一生都在寻找一个宁静的世界、一个无争的世界。但有谁会想到在滇西北高原、

丽江古城的建筑融汇了白族和汉族的建筑特色，灰瓦、土坯墙、木结构。古城四周青山绿水环绕。

INFORMATION

Location | 地理位置

位于青藏高原东南边缘、滇西中北部，坐落在丽江坝中部，海拔2400余米，是中国历史文化名城中唯一没有城墙的古城。

Climate | 气候特征

受南亚高原风影响，其气候垂直分布明显，昼夜温差较大。有“一天四季”之说。

Best Choice | 最佳推介

时间：春、夏两季

心情：轻松闲适

旅伴：朋友

夜色下的丽江古城显得静谧、古朴而端庄。

在一个远离现代文明的边陲小镇，竟存在着一个能让时光停滞的世界。

古城的泉水富有音韵，清澈的泉水分三股主流穿城而过，在城区又变幻成无数支流，穿街走巷，入院过墙，流遍千家万户。黑龙潭是玉河水的源头，泉水从四周山麓的古老栗树下、岩隙中

不可不看的地方

look

泸沽湖：

位于云南宁蒗县与四川盐源县之间，意为“山沟里的湖”。自然环境破坏轻，湖水非常洁净。虽然四周高山一年有三个月积雪，但湖水终年不冻，而且湖光秀丽。

look

玉龙雪山：

是云岭山脉中最高的一列山地，由13座山峰组成，主峰扇子陡海拔在5596米，是云南第二高峰。

喷涌而出，在此汇成一个巨大而又神奇的出水潭，成为古城生机勃发的奥秘。

有人说，100个人到丽江会发现100种丽江风景，可以发思古之幽情，也可以感悟人生。丽江对都市人最大的吸引，莫过于它总是安安静静、不动声色地在那里等待着你的独特发现。

山脚下的小屋、河边的店铺，这些犹如玩具似的、刚好够一家人居住和使用的建筑物都不是为了形成某种整体的美去破坏与自然的和谐，一切都是那么随意地依着山势、傍着河形一一修建起来的。虽然它们高低不同，但都洋溢着一份自然，在这里因人居住需要而修建的房屋也就自然地和周围的一切相默契了。那些参差错落的屋脊也就让人感到了它的有规有矩；从中也使人体会到了古人哲学思想“混沌理论”的精髓：无序中有序，有序中又无序。同时也在告诉我们：“人与自然是可以达成和谐的！”

小憩于水旁的茶座，茶香扑鼻而过，看脚下流水欢畅，回旋的波纹辉映着古城五彩的夜色，任凭弱柳拂风掠面，聆听对面阁楼传来忧伤缠绵的纳西古乐，流水、岸柳和传统古朴民宅交织一起，古色古韵。意阑珊，情迟迟，使人身心陶醉于古城欢悦的夜空下，让烦躁的心灵慰藉于古城温馨的暮色里。

丽江古城带给你的不仅仅是远离都市的喧闹和繁华，古城给你最大的一个感觉是“静”。这里的静不同于空旷的森林和大漠给你的孤寂，那是一种让你觉得不安的静。这里的静不同于宁静的古刹带给你的承重，那是一种让你觉得拘束的静；而古城给你的静是一种融入、一种和谐、一种与世无争的静。当你漫步于晨辉中、夕阳下，当你看着纳西老阿妈三三两两散坐在柳树下细诉从前时，你难道感觉不出岁月的沧桑、古城老去的容颜都刻录在她们带着皱纹的额头上吗？

城内早年依地下涌泉修建的白马龙潭和多处井泉至今尚存，人们创造出“一潭一井三塘水”的用水方法，头塘饮水、二塘洗菜、三塘洗衣，清水顺序而下，既科学又卫生。

的确，当你在现实中迷失了自己，在都市中找不到方向时，不妨踏入小城。古刹的悠远、道观的清新都远远不及古城带给你的宁静和与世无争，它等待着你的到来！

中国最后的枕水人家

乌镇

选择它的理由

乌镇是中国江南的封面，“小桥、流水、人家”的韵味弥漫在乌镇的每一个角落。以河为街，桥街连连，河畔筑屋，大院深宅，乌檐白墙，过街骑楼，穿竹石栏，临河水阁，古香古色，水镇一体，仿佛都在暗示着一种情致，一种氛围。

乌镇，是有着1300年历史的江南水乡古镇。从872年建镇以来，乌镇镇名未变，镇址未变，水系未变，生活方式未变，传统建筑百年风雨，依旧完好。乌镇有着悲欢一样分明的黑白，干净里掺杂着几许沉静，经过千年的洗练，它的沉稳和从容不迫的淡定，是岁月积淀的丰富，需要细细品味，才得真谛。

乌镇是中国江南的封面，“小桥、流水、人家”的韵味弥漫在乌镇的每一个角落。以河为街，桥街连连，河畔筑屋，大院深宅，乌檐白墙，过街骑楼，穿竹石栏，临河水阁，古香古色，水镇一体，仿佛都在暗示着一种情致，一种氛围。

乌镇的民居都呈现出一派青黑色，只是深浅稍略不同，像一幅水墨均匀的中国画一般挂在这个灵动的空间。小镇拥有羊肠般的水巷，在西栅随便找个巷子吧，最好是能让人迷路的那种，狭小的、幽深的巷子。走在巷子里，脚下青石板的沟沟壑壑上填满乌镇的故事。一个一个通向水道的狭长走道中吹来柔柔的清风，带着溪水的甘甜味道。那一间间敞开着房门的房屋，雕花的木制隔扇，坐在竹子躺椅上的老人，壁上年代久远的石刻，廊檐下精致的木雕，就这么一一呈现在眼前，令人恍如隔世般惊讶和奇妙。

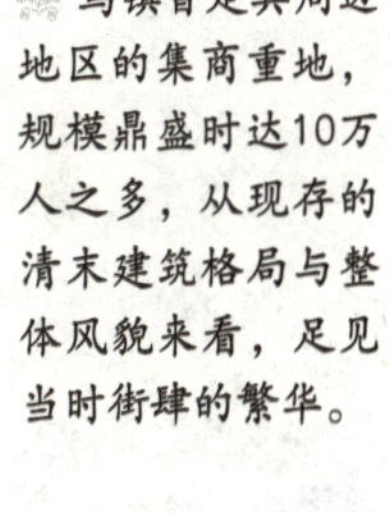

乌镇曾是其周边地区的集商重地，规模鼎盛时达10万人之多，从现存的清末建筑格局与整体风貌来看，足见当时街肆的繁华。

乌镇共有100多座古石桥，每座桥都有自己的个性和故事。所以舟行其中更能领略乌镇之美。那些枕河的木阁楼，那些不施脂粉的石桥，似乎在随着小船的摇晃而飘浮不定。水上阁楼颇有吊脚楼的味道，靠河一端用木柱和石桩支持，搁上木板再搭阁楼，阁楼修建得很是精细雅致。乌镇的夜晚是无声的，河道里蒸腾起的水汽氤氲了水乡，朦胧了月色，轻摇船桨，如划破一池碎银，在一座座石桥中穿越，仿似穿梭一个个时空隧道。

INFORMATION

Location | 地理位置

乌镇地处浙江省桐乡市北端，京杭大运河西侧，西临湖州市，北界江苏吴江市，为二省三市交界之处。位于江南六大古镇的中心位置，它离上海只有80分钟的车程，离杭州仅50分钟的车程。

Climate | 气候特征

属亚热带季风气候，温和湿润，四季分明，年平均气温16℃。

Best Choice | 最佳推介

时间：春、秋两季

心情：悠闲安静

旅伴：爱人

累了，可寻一间临河的民居水阁住下，体会一下枕水而睡的悠然。水阁是真正的“枕河”，三面有窗，午夜梦回，听底下水声訇訇，别有一番情趣。茅盾在一篇题为《大地山河》的散文中这样描述过故乡的水阁：“……人家的后门外就是河，站在后门口（那就是水阁的门），可以用吊桶打水，午夜梦回，可以听得橹声飘然而过……”枕边的橹声将你包围在水的温柔中，侧睡榻上，恍然间听到流水声潺潺而过，梦里水乡悠然而来，摇摇晃晃的木船就载着如此多的眷恋飘然而过。

寂静清冷是乌镇最美的时刻，而静默独行是阅读乌镇的最好方式。没有了喧闹，乌镇顿时变得古老凝重起来。清晨的乌镇，万籁俱寂，流水潺潺，小桥人家，垂柳翩翩，两旁鳞次栉比的古风民居倒映在水波里，歪歪斜斜映照出自己沧桑的身影。在如此的浪漫意境中手捧香茗，斜倚在美人靠上，看屋中汲水，听橹声回响，潺潺碧水就在脚下流向了远方。

如果想体会一下乌镇人原汁原味的生活，可去西栅的茶馆。在西栅，四乡八邻的镇村居民习惯于在清晨摇着船出来喝早茶、赶早市。西栅的这些老茶馆规模都不大，两三间门面，二三十张茶桌，参差地排成两三行。一张正方形的板桌，配上四条狭长的长条凳，再靠一把茶壶，一只茶盅，就留住了西栅两三百名老茶

经岁月更替，风雨沧桑，保存下来的江南典型水乡民居群及十几座古桥梁，诉说着古镇的清纯与从容。

客。只有在乌镇这种地方，不经意的一瞥就会有与百年历史擦肩而过的感觉。

乌镇是一个适合怀旧的小镇。乌镇历史上是热闹的，曾经显赫一时的商铺、当铺、药铺在两岸留下了岁月刻下的道道痕迹，如今依然在记叙着它的故事。窄窄的小巷，隐隐飘来醇厚的酒香，那是乌镇有名的“三白老烧酒”正在酿制；当铺一切摆设如旧，隐约中能听见伙计的报账声；“宏源泰”染坊高高晾挂的蓝印花布漫天飞舞，雕花、刻板、染整、挂凉全然遵循旧时的工艺；音韵锵锵的古戏台上正举行演出，锣声唢呐虽土腔土调，却着实卖力；还有东栅幕布上面那一段“皮影”传说，一切都是那么原汁原味。而乌镇的人们却不急着做生意，一如碧波荡漾、轻舟慢摇，这里的人们总是从从容容、稳稳当当。老人们或逗鸟、或养花、或聚坐在街心的廊椅上捧着茶壶说东家聊西家、或眯着眼看不知看了多少遍的本地花鼓戏。

“家家面水，户户枕河”是乌镇和许多江南水乡小镇的相通之处。

孔桥石径，碧水轻舟。吴侬软语中，好一派物我相安的和谐与安宁。乌镇，简单、淳朴而不失历史流逝沉积下来的厚重；澄净、清幽却也浓浓的透出江南水乡的灵秀；热情、质朴仍令人满心都是吴越人民的亲切。

不可不看的地方

look **1** **烟雨长廊：**

位于西栅，古时是繁荣的商业街，店家特意将房子的屋檐延伸出廊棚，形成1000多米长的烟雨长廊。

look **2** **茅盾帮居：**

位于乌镇大戏台的东侧小巷里，它是当代文学巨匠茅盾出生和生活过的地方。

Pingyaogucheng

乱世佳人

平遥古城

选择它的理由

虽然平遥古城没有紫禁城的庄严，没有钟鼓楼的肃穆，没有姑苏城的柔媚，但是它的气质从每一座城门溢出，从每一条街道流出，从每一扇旧窗淌出，从每一道雕纹渗出……古老却并不荒芜。

如果说丽江古城是纯美的少女，灵气逼人；那么平遥古城便是底蕴深厚的乱世佳人，风风雨雨却宠辱不惊。那保存完好的古城墙，那明清时代遗留的建筑，那曾经显赫的全国金融中心的地位，平遥的每一寸土地都会让你为它感慨良多。

漫步平遥古城中，时间是倒流的。古城西门仿佛时间隧道的洞口，从跨入的那一刻起，就置身在古代汉民族城市的建筑、经济文化氛围中。古城墙自周代时修建，先后修葺26次。多次的修葺，使平遥古城墙日益坚固、壮观。上有垛口3000个，敌楼72处，是按孔夫子的弟子3000、贤人72的数字修筑的。平遥古城的交通脉络由四大街、八小街、七十二条巷构成，经纬交错，多而不乱，小巷的名字都很有特色，不妨买份儿地图来个“按图索骥”，相信那一刻你就想在这平遥小巷中永远的居住下去。

城内是清一色的青砖灰瓦四合院群，与古城墙共同组成完整的平遥古城。轴线明确，左右对称，外雄内秀，轮廓起伏，惟妙惟肖，栩栩如生，达到了使用功能和建筑艺术的完美统一。每个院子，沿中轴线由几套小院组成，其间多用短墙、垂花门楼分隔，形成“目”字结构，有分有合，浑然一体，真是“庭院深深深几许”。

古老的平遥是辉煌的，周长不过6000余米的古城承载了丰厚的内容。2700多年的时间里，它斑驳了青砖砌裹的城墙，剥蚀了朱红雕琢的城门，干枯了南门外的两眼水井。幽深巷道里青石斑斑，灰秃的瓦砾和空气中古城散发

平遥明清一条街有“19世纪亚洲的华尔街”之称，自从平遥旅游开发以来，古街上慕名而来的游人如织，熙来攘往，延续着当年的繁荣。

INFORMATION

Location | 地理位置

平遥古城位于中国山西省的中部，始建于西周宣王时期（前827年～前782年），距今已有2700多年的历史。它较为完好地保留着明、清时期县城的基本风貌，堪称中国汉民族地区现存最为完整的古城。

Climate | 气候特征

属典型的温带大陆性气候，气候温和干燥，冬夏温差大，年平均气温为10.2℃，年降水量为540毫米左右。

Best Choice | 最佳推介

时间：四季均可

心情：怀古、幽静

旅伴：朋友

民居门窗上细致的木雕

出的特殊气息，让这座北方古城更纯粹、更凝练、更简洁、更写意。

“走进平遥古城，就如同走进一座大型的历史博物馆。”街市、票号、镖局、当铺、道观、庙宇、商会、老式的戏楼、县衙署……明清街上的太师椅、雕花的木床、精巧的木雕、砖雕和石雕，有花纹的茶壶、泛光的漆器、手纳的鞋底……人都是这样吧，古旧的东西特别能激发想象力。尤其是周围人少的时候，就更容易模糊现实同历史的边界。现在，在平遥，这么古老的街巷，这么古老的房屋，仿佛触目的任何一个物体都是一条牵人思绪的绳索，只有走下去，看下去，想下去，欲罢不能。

来到平遥不能不提票号，平遥的票号主要集中在古城的西大街上，有中国金融业的鼻祖日昇昌票号，有四联票号，有宝丰隆票号，有厚德恒钱庄，还有永泉当、永玉当等著名当铺。

虽然平遥古城没有紫禁城的庄严，没有钟鼓楼的肃穆，没有姑苏城的柔媚，但是它的气质从每一座城门溢出，从每一条街道流出，从每一扇旧窗淌出，从每一道雕纹渗出……古老却并不荒芜。

不可不看的地方

look

镇国寺：

位于古城北门外，该寺的万佛殿建于五代（10世纪）时期，目前是中国排名第三位的古老木结构建筑，殿内的五代时期彩塑更是不可多得的雕塑艺术珍品。

look

日昇昌：

位于平遥城内上西门街11号，是中国票号的鼻祖。当年，山西票号就是在这迅速扩展，并得以在中国商界、金融界叱咤风云近百年。

熙熙攘攘的古街道，人流如织。

Zhouzhuang

中国第一水乡

周庄

选择它的理由  

水乡周庄，因为水而灵动。掬一捧周庄的水在手心，就见到了周庄的魂。步入周庄“小桥流水人家”的画卷中，周庄的水把你带入了那桨声灯影里的旧梦。

一颗珍珠，只有拂去依附在外表上的尘垢，才能看到它璀璨的光芒。周庄就是这样一颗珍珠，深藏在淀山湖的秀郁与波光中

近千年后，才拂去它身上的尘垢来到世人的视野中，从而成为文人墨客的灵感之地，更成了江南水乡的典范。

水乡周庄，因为水而灵动。周庄的水是小家碧玉，淡淡的让你体味良久，柔柔的让你心怀不忍。掬一捧周庄的水在手心，就见到了周庄的魂。步入周庄“小桥流水人家”的画卷中，置身于“贞丰泽国”“唐风孑遗”牌匾前的时候，周庄的水把你带入了那桨声灯影里的旧梦。盈盈的碧水泛起粼粼波光，将水的光滑、水的流动、水的温柔甚至水的富有都展现得一览无遗。在那里，你才知道，有些风景只用眼睛去欣赏是多么不够，那甚至可以说是在抹杀那些诗意、那些浪漫。

驳岸、拱桥、水巷，整齐而又狭窄的石板街面，构成了水乡古镇的特有风貌。周庄，四面环水，犹如泊在湖上的一片荷叶。南北市河、后巷河、油车漾河、中市河，两纵两横，勾画出了周庄“井”字形的轮廓。小巷里印痕斑斑的石板街面、斑驳的老墙、黛色的青瓦、石阶上的绿苔、悠长的吴侬软语、吱吱呀呀的橹桨，处处飘逸着古风古韵。水巷两边的柳树，兀自娇姿秀挺；袅袅娜娜的柳枝，随风摇动，摇曳着一片江南水乡空阔的意境。有风掠过，鳞次栉比的周庄，有如盆景，清纯着江南水乡的风韵。

周庄人家，粉墙的房屋依水而筑，窗棂交疏，檐角飞翘，陈旧随意，不改原貌。檐下不时挑起的茶幌酒旗，迎风招展。古镇中，明清和民国时期的建筑保存有60%以上，其中有近百座古宅院第及60余个砖雕门楼，还有部分过街骑楼和水墙门。这些古建

周庄镇内保持着完好的“小桥流水人家”的风貌。

INFORMATION

Location　地理位置

周庄位于苏州城东南，昆山的西南处，古称贞丰里。

Climate　气候特征

属北亚热带湿润季风气候，温暖潮湿多雨，四季分明，冬、夏两季长，春、秋两季短。年平均气温18.4℃，最冷的1月份平均气温为7.1℃，最热的7月份平均气温为29.3℃。

Best Choice　最佳推介

时间：四季皆宜

心情：安静悠然

旅伴：爱人

夜游周庄，可以感受并领略到水乡的别样风情。

筑中，尤以张厅、沈厅气势非凡，历经百年，风姿依旧。张厅初建于明正统年间，箬径河穿宅而过，正是“轿从前门进，船从家中过”。沈厅是江南民居之最，七进五门楼，庭院深深。正厅松茂堂气宇轩昂，布置精当，器皿玲珑。只可惜如此豪宅终是人去楼空矣。

如果说水是周庄的魂，那么桥则是周庄的根。桥在这里与水共舞、与人共舞。在“井”字形的水道上，完好无损地保存着元、明、清不同年代建造的石梁桥和石拱桥共14座。小小的石桥，跨立在静静的河水上，犹如一道道彩虹，连接起了小河彼岸的人家。周庄的桥，古意朴拙，形态各异，耐人寻味。贞丰桥畔诗韵悦耳；双桥联袂而筑，犹如邻家女孩，最能体现古镇的神韵；而桥楼合璧的富安桥，宛如阁中飞桥，又像桥上建屋，自然成为古镇的象征。桥上深浅不一的轮辙，消磨殆尽的雕刻，就连攀附在桥上的藤蔓都显示出一种凝重与古朴的美。抚摸着那沧桑的桥廊，仿佛听见周庄往日的呢喃。

暮色上到屋檐，周庄的另一种风情才开始上演。古镇的夜晚安静得出奇，河道两旁的旧式建筑低矮、绵长，华灯映水，古舟凌波，仿佛是凝彩的水墨被搅乱，船桨把灯影斑驳的影像荡碎了，只留下船尾被逗起的缕缕涟漪。河中升起了缥缈的水雾，水雾中飘出了吴歌声声，越曲点点。一轮皎洁的明月静静地浮在中间，令人心生“不知天上宫阙，今夕是何年”的感叹。

有人说，“上有天堂，下有苏杭，当中一个周庄”。此言不虚，不然也不会有那么多名人在此流连不忍离去。陈逸飞在她的身侧，用画笔描绘她的倩影，于是有了以周庄的双桥为素材的油画——《故乡的回忆》。周游世界的三毛曾经来过，在春雨的黄昏，隔着车窗，看到天地间时隐时现的阡陌、村舍、湖水，不由神情激动，眼泪汪汪。吴冠中不仅作画《船从家中过》，更撰文说：“周庄集中国水乡之美。”柳亚子也与诸友在此题写下了数百首诗篇，“贞丰桥畔屋三间，一角迷楼夜未央。尽有酒人倾自坠，独留词客赋朱颜”的诗句至今传唱。

周庄是一首明清时期遗落的江南民谣，古朴、自然、灵动，是需要用心聆听的；周庄是一杯很醇的茶，是需要慢慢来品的；其实周庄更是我们梦中的水乡，是我们一直寻找，一直想去，一直没有成行的那个地方……

周庄两岸，富有水乡特色的建筑如过街骑楼、临河水阁和穿竹石栏比比皆是，河道上跨着保存完好的元、明、清历代石桥14座。

fenghuanggucheng

梦之故乡

凤凰古城

选择它的理由

吊脚楼悬在江边，上层宽大，下层是密密的细柱支撑，一眼看去真是细脚伶仃。它体现的是苗家建筑特色，分上下两层随地而建，据说虽然建在水上却也通风防潮、避暑御寒，虽让人心悬却韵味独特。

湘西的凤凰古城是个适合做游子家乡的地方，这里山清朗，水温存。近年来虽名声在外、游人如织，但也是多走一走就能找

到诗意的地方。甚至，明眼的游人在短暂的停留中，或也能在人群熙攘中发现古城氤氲的灵气。

南华山横亘古城南天，对县城形成半包围之势，山高林茂。《凤凰厅志》记载，南华山“林深木茂，翠色千层。朝则薄雾笼青，暮则斜阳凝紫。绿螺岱髻，晴雨皆宜”。山上有南华山国家森林公园，据说登山石阶近2000级，每一级都宽2米，高20厘米。水是沱水。它清清浅浅地穿过小城，柔波里能看到有细软的水草漂动。游人可以乘着小船顺流而下，看两岸已有百年历史的土家吊脚楼，看身前的小伙子倾着身子撑篙杆。如今，沈从文先生笔下的翠翠已老，不知是否仍守候在某个渡口，对人讲述着爷爷、黄狗和远走的傩送。

吊脚楼悬在江边，上层宽大，下层是密密的细柱支撑，一眼看去真是细脚伶仃。它体现的是苗家建筑特色，分上下两层随地而建，据说虽然建在水上却也通风防潮、避暑御寒，虽让人心悬却韵味独特。当你来不及出神时，虹桥就已在水面上横空而过。虹桥又称风雨楼，始建于明洪武初年，全长112米，连跨三拱，如彩虹卧江，故名虹桥。据说当年有阴阳先生向朱元璋进言，说这里屏立南郊的南华山和扎入沱江的奇峰是一龙头所在，他日会出真龙天子。于是，朱元璋命人在沱江畔建起虹桥，意在斩断龙脉，让凤凰城再也出不了皇帝。传说让这座桥变得更有趣味，而时光却着实改变了它的样子——从前连接沱江两岸的交通要道，

INFORMATION

Location | 地理位置

凤凰县地处湖南省西部边缘，湘西土家族苗族自治州的西南角。东与泸溪县接界，北与吉首市、花垣县毗邻，南靠怀化地区的麻阳苗族自治县，西接贵州省铜仁市的松桃苗族自治县。

Climate | 气候特征

属中亚热带季风湿润性气候。全县处于湘西低热区，年平均气温为15.9℃，35℃以上的天数全年仅10.5天，日照差的地区年平均气温8.3℃。全县冬季盛吹偏北风，夏季盛吹偏南风。

Best Choice | 最佳推介

时间：3～4月，9～10月

心情：安宁或猎奇

旅伴：朋友或爱人

古城的风俗小店里，苗家服装、背包、头饰等，吸引着来旅游的女孩们。

如今已是工艺品一条街。江畔的吊脚楼也开辟成了旅馆，阳光好时会晾晒白色的被单。

凤凰古城可以分成东门景区、北门景区和沙湾景区。东门景区，游人最盛，包括古码头、升恒门（东门城楼）、吊脚楼，还有那一街的特色商店和凤凰小吃。如果只逛了东门景区，还不能算真正看到了凤凰的乡野韵味。不过，既然游人如此之多，必然有它的可喜之处。满街的小店林林总总，卖苗银蜡染的有之，卖手工纪念品的有之，更有不少小店里飘出姜糖的香味。姜糖是凤凰特产，将姜搅碎制成糖，甜中有丝丝辣味儿，是祛寒驱潮的良方。

凤凰的名人故居也出名。这座小城近现代出了三个名人，一是北洋政府国务总理、著名慈善家熊希龄，二是作家沈从文，第三个是画家黄永玉。熊希龄故居位于古城北文星街内的一个小巷里，故居往东200米便是沱江。沈从文故居位于南中营街，是一座典型的南方四合古院，1902年12月28日，沈从文生于斯。他不仅是中华民族的骄傲，更是凤凰人民的骄傲。他一生所创作的500多万字的作品，为凤凰抹上了浓浓的人文色彩，是世界文学的瑰宝。黄永玉故居并未专辟，但是黄永玉画室位于沱江岸边。这位可以称得上是中国最著名的性情画家曾画下夜色中的虹桥，一片深蓝中，一座桥承载着往事的温馨，让观者迷醉。

凤凰的夜也不寂寞。爱静的可以坐在江边看人放河灯，爱热闹的可以去看看民俗表演，其中就有承载了许多神秘传说的湘西赶尸。春秋战国时期，凤凰为“五溪苗蛮之地”，属楚国疆域，因此楚巫文化至今流传，传说中的“放蛊”和“赶尸”都属此列。后者在港产电影里被演绎成山路上一群死尸排着整齐的队伍，额上贴着黄纸符，在赶尸人的鞭挞吆喝下，一跳一跳地趁月赶路。这种不知真假也无所谓真假的描写给苗地平添了许多神秘感，让猎奇的人得到茶余饭后的满足。

→安徽民居

选择它的理由

她如诗如画，清新隽永，质朴中不乏精致；她是曲径通幽的“桃花源”，她是邮票上的江南水乡；她古朴的民居、传统的风貌，是中国的财富，也是世界的文化瑰宝；她以世外桃源般的田园风光、保存完好的村落形态、工艺精湛的徽派民居和丰富多彩的历史文化内涵闻而名天下。

如果是一朵花，那她一定是兰花，悠然淡雅；如果是一幅画，那她一定是中国的山水画，飘然洒脱；如果是一首诗，那她一定是一首清新小诗，深刻隽永；如果是一个女子，那她一定是幽居空谷的绝代佳人，气质脱俗。她如诗如画，清新隽永，质朴中不乏精致。她就是安徽的民居。穿梭于其中，不知不觉好像回到遥远的时空！唐朝大诗人李白就曾对她赞美道：“黟县小桃源，烟霞百里间。地多灵草木，人尚古衣冠。”不经意间道出了皖南乡村的独特意境。她山水风物幽美，古老文化酝酿出淳厚从容的民风人情。

Anhuiminju

徽派建筑高大封闭的墙体可以防盗，但也带来了采光、通风的困难和心理上的压迫感，于是便有了“天井”的设置，在屋顶上空出一块，以作通风换气及采光之用。

徽州无疑是个富有文化底蕴的所在，单单一句“一生痴绝处，无梦到徽州”便足以让人产生悠悠遐思。遥想当年，汤显祖著“临川四梦”，名动天下。然而，他到了晚年，心之所寄竟是偏居一隅的徽州。而“无梦到徽州”的惆怅恐怕也只有百年之后吟出“梦里何曾到谢桥”的纳兰公子体会得到吧。徽州最具代表性的是徽州文化，而徽州民居更是安徽文化的精粹之一。走进安徽境内，令人印象最为深刻的是那些白墙黑瓦和建筑构件中各种精美的雕刻。徽州民居是极为精细的一支建筑派系，从细微之处的一砖一瓦、一门一窗、一柱一梁，到浑然一体的一房一院，无不透出安徽人民聪慧、勤劳和精明的人生哲学。

全村现保存完好的明清古民居有140余幢，古朴典雅，意趣横生。“承志堂”富丽堂皇，精雕细刻，各种木雕层次丰富，繁复生动，经过百余年时光的消磨，至今仍金碧辉煌，可谓皖南古民居之最，被誉为“民间故宫”。

西递、宏村古民居群是安徽民居中的典型代表，现存完好的明清民居440多幢，其布局之妙、结构之巧、装饰之美、营造之精，为世所罕见。其中西递以宅取胜，被称为“古民居建筑的宝库”；宏村则以水见长，有“中国画里的乡村”的美誉。西递、宏村的村落选址、布局和建筑形态，都以周易风水理论为指导，体现了天人合一的中国传统哲学思想和对大自然的向往与尊重。那些典雅的明、清民居建筑群与大自然紧密相融，是中国传统民居的精髓。

宏村的月湖赫赫有名，它几乎成了徽派建筑的代表、安徽民居的缩影。一池碧水形如半月，白墙黛瓦环湖而立，伫立在池塘边，享受着这无声的美和无声的清闲。恍惚间时光倒置，眼前仿佛出现一群村姑阿婆，穿着旧时的装束，在一个春日的清晨，薄雾朦胧中提着木桶竹篮，到水边来干那日常的活计，她们沿着水塘一字排开，于是水荡漾起来，声声乡侬俚语，谈论着各自经商在外的丈夫、在家的公婆以及田里的农事，洗衣时木杵敲击在石板上发出清脆的“啪、啪”声在空气中回荡，于是一切变得生动而又热闹起来；又或年前腊月，家家户户出门在外的男人终于回家，盘点着一年的收获，播种着来年的希望。一顶迎亲的花轿出现在雪后的月湖边，小户人家总喜欢挑这团聚的日子办喜事，唢呐声、爆竹声在清冷的空气中回响，孩子们欢叫着在池塘边追逐奔跑，小小的月湖此时洋溢着太多的快乐和喜悦。

在老街小巷里慢慢地转悠，细细地品味这些明清建筑的清新雅致，体会中国传统文化的博大精深。千百年来的风风雨雨，打碎了太多的梦，留下了太多的记忆，而今只有那一座座古民居矗立在那里，斑驳的墙壁诉说着世事的沧桑，记录着过去、现在，或许还有未来。那一刻，所有的话都很苍白，按下快门，让我们定格了经受千年风雨洗礼的民居。

宏村以有“牛胃”之称的半月形水塘“月沼”为中心，周边围以住宅和祠堂，显示出村落布局中极强的内聚性。

INFORMATION

Location　地理位置

西递是黄山市最具代表性的古民居旅游景点，坐落于黄山南麓，距黄山风景区仅40千米。宏村位于安徽黄山西南麓，距黟县县城11千米，是古黟桃花源里一座奇特的牛形古村落。

Climate　气候特征

气候温暖湿润，四季分明。但气候条件分布差异明显，天气多变，降水年际变化大。

Best Choice　最佳推介

时间：深秋

心情：安静、和谐

旅伴：一个人

Fujiantulou

凝固的旋律

福建土楼

选择它的理由

土楼是福建客家人引以为自豪的建筑体，因为这是他们智慧和汗水的完美结合。土楼不仅让福建客家人安居乐业，更向世人展示了客家人的聪明才智，书写了与自然和谐相处的典范。

福建土楼的发现据说还有一段来历。在20世纪六七十年代，美国的间谍卫星对中国的领地进行空间拍照侦察时，发现在中国福建的许多山区里分布着很多不明的大型建筑，或圆或方，美国人认为这些都是中国的“导弹发射基地”，认为中国的军事实力不可小看。直到中美正式建交，美国人才知道这些所谓的“导弹发射基地”实际上就是福建最有特色的民居——土楼。

福建土楼被誉为“世界民居建筑奇葩”，是历代客家人生活的真实写照。风格奇异的土楼民宅散布在闽西南的永定、武平、上杭及闽东南的南靖、平和、华安、漳浦等地。其造型、装饰和建造工艺世所罕见。土楼，俗称“生土楼”，因其大多数为福建客家人所建，故又称“客家土楼”。它是世界上独一无二的神话般的山村民居建筑。

平和县强武楼每个独立式住屋单元中的厅堂布局

福建土楼的造型花样较多，主要包括圆、方、半圆、椭圆、交椅、五角、八卦、五凤、桃形及不规则形等许多种类，又以圆、方、交椅形和五凤楼最为常见。土楼共有的特点是建造工期长，一般要花两三年时间才能完工，规模较大者甚至要花费数十年时间和几代工匠的辛劳。

土楼本身具有很高的民间建筑艺术价值，同时，特有的命名艺术，赋予了它们这些建筑更多的内涵和灵魂。它们或以方位命名，或以主人名字命名，或以自然环境定名，或以创业者定名，这些寓意隽永、意味深长的名字使得土楼也更加具有艺术的独特性。

土楼是福建客家人引以为自豪的建筑体，因为这是他们智慧和汗水的完美结合。土楼不仅让福建客家人安居乐业，更向世人展示了客家人的聪明才智，书写了人与自然和谐相处的典范。几十户甚至几百户同住一楼，是客家人聚族而居、和睦相处、展现优秀家族传统的真实写照。每一个土楼都是一部历史，用它的一砖一瓦谱写着纯朴客家人的家族史。而他们留给子孙的，不仅仅是一处安身立命的房宅，更多的是鼓励后代勤劳生活、艰苦奋斗的一种精神。客家人用普通的材料建造出了人间民居的奇迹，用平凡创造了神奇。

INFORMATION

Location | 地理位置

主要集中在闽西南的永定、武平、上杭及闽东南的南靖、平和、华安、漳浦等地。

Climate | 气候特征

属亚热带海洋性季风气候，雨量充沛，夏无酷热，冬无严寒，年平均气温20.1℃。

Best Choice | 最佳推介

时间：春、秋两季

心情：怡然自得

旅伴：爱人

Kaipingdiaolou

中西建筑文化的完美结合

开平碉楼

选择它的理由  

如果说建筑是凝固的音乐，那么开平近1800多座碉楼就是一部部中西乐器合奏的田园交响乐，就是散落在岭南乡村的凝固的音符。这些音符中不仅添加了多立克列柱和哥特尖卷拱，还将巴洛克时期的绚丽桂冠戴在它们头上，精巧的科林斯毛茛叶和柔美的爱奥尼式卷涡更为它们锦上添花。

中国近代史是一部中西文化斗争交融的历史，当政客和众多文人学者还在为中西文化争论不休的时候，在中国广东乡间，归

来的华侨却在民居上将中西文化完美地结合在了一起，于是有了现在被列为世界文化遗产的开平碉楼和村落。

这些模糊了时间和空间界限的建筑就是开平的碉楼。开平市内，碉楼星罗棋布，城镇农村，举目皆是，多者一村十几座，少者一村二三座。从水口到百合，又从塘口到蚬冈、赤水，纵横数十千米连绵不断，蔚为壮观。如果说建筑是凝固的音乐，那么开平近1800多座碉楼就是一部部中西乐器合奏的田园交响乐，就是散落在岭南乡村的凝固的音符。这些音符中不仅添加了多立克列柱和哥特尖卷拱，还将巴洛克时期的绚丽桂冠戴在它们头上，精巧的科林斯毛茛叶和柔美的爱奥尼式卷涡更为它们锦上添花。窗裙、窗楣和山花都独具匠心，除却这些，它们身上还可以看到中式传统的灰塑和飞檐。这些建筑纵横古今，融汇中西，尽华贵之能事，精巧细致，恨不得将从古希腊到文艺复兴以及古老中国的所有修饰都穿戴于一身。虽饱经沧桑，却依旧富丽堂皇。

开平碉楼华丽的背后是无奈的自保。鸦片战争之后，成千上万的开平人远渡重洋赴北美打工，挣钱回家买地建房娶妻生子，也就成了土匪眼中的“肥肉”。于是，“富家用铁枝、石子、士敏土（水泥）建三四层楼以自卫；其艰于资者，集合多家而成一楼”（《开平县志》）。碉楼是一个矛盾的综合体，外表华丽，彰显主人的富贵，而混凝土外墙厚实坚固，大门是沉重的钢板，窗户小并装有铁栅，顶层四面都有枪眼，楼顶还有瞭望台、探照灯、警报器、枪械等，俨然一副防卫保守的姿态。碉楼在历史上对保护村民生命财产安全有极大贡献。如今碉楼多已人去楼空或者只有老人在守护着，碉楼旁边的老屋和碉楼一起成长，屋子里的家什处处留下

INFORMATION

Location | 地理位置

开平市位于广东省中南部，毗邻港澳地区，地处珠江三角洲西南部，东北距广州市110千米，是全国著名侨乡。它北扼鹤山之冲，西接恩平之咽，东南有新会为藩篱，西南以台山为屏障。地理位置优越。

Climate | 气候特征

属于热带和亚热带气候。春季平均气温在20℃左右，夏季平均气温为28℃，秋季平均气温25℃，冬季平均气温12℃。

Best Choice | 最佳推介

时间：四季均可

心情：怀念与期冀

旅伴：朋友

大大小小的碉楼散落在绿树丛中，一群白鸽在绿草地上驻足，形成了一道动人的风景。

岁月的印记。碉楼散落在村子四周，村落环绕着碉楼，成为不可分割的整体。

自力村碉楼群和马降龙碉楼群是开平碉楼与村落的代表，身临其境，翠竹扑面，绿树成荫，鸟语花香，四周荷塘瓜地，菜园果树，中有阡陌小路相通，村中的十几座碉楼，掩映于村后茂密的竹丛中，与周围民居、自然环境融为一体。走在石板铺砌的小路上，望着历经沧桑的碉楼群，时光似乎倒流到100年前。

碉楼在百姓心中已经成了神话，百姓用心在呵护着碉楼，不允许有任何的破坏，因为每一座碉楼都有一个故事，都有一段传奇。碉楼抗击土匪，击退日军，为保护村民立下汗马功劳。每一座碉楼也有它独特的味道：开平碉楼之首为瑞石楼，楼高9层，历经多年风雨侵蚀，更显深沉与庄重；方氏灯楼，是一个戴着"拜占庭头盔"的哨兵；还有东欧风格的宝树楼，原始味道的迎龙楼……一座座碉楼依然无声地庇佑着它的主人。

"狗吠深巷中，鸡鸣桑树巅"的农村景象与古希腊神庙或罗马教堂在开平优美地结合在了一起，村前的水塘、村口的榕树、四周的竹林、村后的碉楼，一切是那么自然，那么和谐，文化的交融在这里做了最完美的诠释。

不可不看的地方

look 1 **迎龙楼：**

坐落在开平市赤坎镇三门里村，东距开平市区6千米，是开平市现存最早的碉楼，没有受到外来因素的影响，是开平碉楼最原始的模式。

look 2 **自力村：**

开平碉楼的典型代表，村落里错落有致、布局和谐地矗立着15座风格各异、造型独特的碉楼，这些碉楼一般以创建人的名字或其意愿而命名。

Chapter 05

雕栏玉砌应犹在

——8处最该领略的先人瑰宝

〔万里长城〕
〔北京故宫〕
〔布达拉宫〕
〔都江堰〕
〔苏州园林〕
〔龙门石窟〕
〔云冈石窟〕
〔大足石刻〕

Wanlichangcheng

中华民族的脊梁

万里长城

选择它的理由

万里长城以其蜿蜒曲折、奔腾起伏的身影点缀着中华大地的锦绣河山，使之更加雄奇壮丽。它既是具有丰富文化内涵的文化遗产，又是独具特色的自然景观。今天国内外游人以“不到长城非好汉”这一诗句来表达一定要亲自登上长城一览中华悠久文明、壮丽河山的心情。

它是世界新七大奇迹之一，它是中华民族的象征。它像一条巨龙，翻越巍巍群山，穿过茫茫草原，跨过浩瀚沙漠，奔向苍茫大

海。它就是举世瞩目的伟大工程，更是先人的瑰宝——万里长城。

中国的长城是人类文明史上最伟大的建筑工程，它始建于2000多年前的春秋战国时期，秦朝统一中国之后连成万里长城。汉、明两代又曾大规模修筑。其工程之浩繁、气势之雄伟，堪称世界奇迹。岁月流逝，物是人非，如今人们登上长城，不仅能目睹逶迤于群山峻岭之中的长城雄姿，还能领略到中华民族创造历史的大智大勇。

其中，北京八达岭长城典型地表现了万里长城雄伟险峻的风貌。作为北京的屏障，这里山峦重叠，形势险要。气势极其磅礴的城墙南北盘旋延伸于群峦峻岭之中，视野所及，不见尽头。依山势向两侧展开的长城雄峙危崖，陡壁悬崖上古人所书的“天险”二字，确切的概括了八达岭位置的军事重要性。

登上八达岭长城，能够深切地感受到它的威力并没有因为战争武器的进步而衰退，相反，它的魅力依然不减当年，只是当年与它相伴的是一场场战争，如今和它相伴的则是人们的安居乐业。渐渐地，耳边恍如又听到那美妙而又动人的歌声：“都说长城两边是故乡，你知道长城有多长，它一头挑起大漠边关的冷

长城翻山越岭，于崇山峻岭之间蜿蜒迂回。在过去的几千年里，它曾是抵御外侮、护卫中原的坚固壁垒，而今，它已成为牢牢联结每一个中国人民族情感的纽带。

INFORMATION

Location | 地理位置

长城位于中国的北部，它东起河北省渤海之滨的山海关，西至内陆地区甘肃省的嘉峪关。横贯河北、天津、北京、内蒙古、山西、陕西、宁夏、甘肃等8个省、市、自治区，全长约6000千米（12000华里）以上，被誉为“万里长城”。

Climate | 气候特征

北方地区主要是温带大陆性气候，局部地区是高原气候。夏秋雨水多，冬春雨水少。冬季寒冷，夏季温热。气温年较差大，气温日较差亦大。最冷月份出现在1月，最热月份在7月，春温高于秋温。

Best Choice | 最佳推介

时间：四季皆可

心情：敬仰渴望

旅伴：亲人

不可不看的地方

look 1

箭扣长城：

位于北京怀柔区渤海镇珍珠村西北，东连慕田峪长城、西接黄花城长城，多筑于险峰断崖之上，以“雄、奇、险、峻”而著称，素有“长城摄影家的圣地”之称。

look 2

司马台长城：

位于北京市密云县，距京城120千米。始建于明洪武初年，全长19千米，有敌楼35座，素以“惊、险、奇”著称于世。

月，它一头连着华夏儿女的心房，长城雄风万古扬……就在咱老百姓的心坎上。”

嘉峪关是一个规模壮观的古代军事城堡，它由外城、内城和瓮城组成，城墙高约11米，城楼威严恢宏，城墙上还建有箭楼、敌楼、角楼、阁楼、闸门楼共14座，不愧有“天下雄关”之称。

嘉峪关关城最神奇之处是：匈奴从来犯的方向，看不到嘉峪关城堡，只有兵临城下才能看见城堡。而站在城楼之上，茫茫大

夜色下的长城，雄风依旧，沧桑尽显。

漠、关内关外一览无余，如有匈奴来犯必是烽火四起。嘉峪关关城的南面是四五米高的明墙，好似巨龙浮游于浩瀚的沙海，忽隐忽现，一直延伸到白雪皑皑的祁连山脚下；而北面却是看不见的暗壁，一直到连绵起伏的马鬃山。把嘉峪关关城建在这样一个地势险要之处，让我们不得不佩服古代军事家们的雄才大略。

山海关与居庸关、嘉峪关并称中国三大雄关，以军事要塞著称于世，它以长城为主线，以关城为中心，由十大关隘、7座卫城、37座敌楼、14座烽火台、14座墩台等建筑组成，主次分明，点线结合，彼此呼应，互相配合，构成一整套科学的防御群体，堪称万里长城精华荟萃地。

北京地区的长城敌楼多为空心敌楼，可供守城军士住宿、储存军械和粮食。

长城的防御工程建筑，在2000多年的修筑过程中积累了丰富的经验。首先是在布局上，秦始皇修筑万里长城时就总结出了“因地形，用险制塞”的经验。2000多年一直遵循的这一原则，成为军事布防上的重要依据。在建筑材料和建筑结构上以“就地取材、因材施用”的原则，创造了许多种结构方法。有夯土、块石片石、砖石混合等结构，可称得上是“巧夺天工”的创造。

万里长城从春秋战国开始，伴随着中国长达2000多年的封建社会行进。金戈铁马、逐鹿疆场、改朝换代、民族争和等在长城身上都有所反映。长城作为一座历史的实物丰碑，将永存于中华大地。除了城墙、关城、镇城、烽火台等本身的建筑布局、造型、雕饰、绘画等建筑艺术之外，还有诗词歌赋、民间文学、戏曲说唱等皆以长城为背景。古往今来不知有多少帝王将相、戍边士卒、骚人墨客、诗词名家为长城留下了不朽的篇章。

优美的自然风光、丰富的文物古迹和多民族丰富多彩的文化艺术，使万里长城更具有中国特色。万里长城以其蜿蜒曲折、奔腾起伏的身影点缀着中华大地的锦绣河山，使之更加雄奇壮丽。今天国内外游人以“不到长城非好汉”这一诗句来表达一定要亲自登上长城一览中华悠久文明、壮丽河山的心情，可想而知它在人们心目中的地位。

殿宇之海

北京故宫

选择它的理由  

如果要在中国的土地上找一个代表性建筑，那就是故宫，华丽不失庄重，肃穆不失神采。而如果要为中国上下五千年的历史寻找一个象征，那么还是故宫。曾经的辉煌，曾经的喧嚣都能在那里找到注解，其实故宫是一个谜，等待着你去破解。

故宫位于北京市中心，也称“紫禁城”。这里曾居住过24个皇帝，是明清两代的皇宫，现辟为“故宫博物院”。故宫的整个

建筑金碧辉煌，庄严绚丽，被誉为世界五大宫之一，并被联合国教科文组织列为“世界文化遗产”。

故宫，是一座皇家宫殿，也是一座博物馆。它凝聚着近600年的宫廷变迁和人世沧桑，积淀了几千年的文化内涵和生命智慧。故宫，以它厚重的内涵，成为中华民族文化、艺术、社会、历史的里程碑。这里代表了权威，也充满了神秘。

故宫的一草一木都有某种象征意义，体现了古代中国的文化精粹。故宫各处的名称，都有“仁”“和”“中”“安”等字，如天安门、太和殿等，这些字所代表的意义是中国儒家思想的核心，即“中正”“仁和”，突出了传统的儒家理念。

无与伦比的古代杰作紫禁城整体为木结构、黄琉璃瓦顶、青白石底座，像是一幅千门万户的绘画长卷。一条中轴贯通着整个故宫，这条中轴又在北京城的中轴线上。三大殿、后三宫、御花园都位于这条中轴线上。在中轴宫殿两旁，还对称分布着许多殿宇，也都宏伟华丽。这些宫殿可分为外朝和内廷两大部分。外朝以太和、中和、保和三大殿为中心，文华、武英殿为两翼；内廷以乾清宫、交泰殿、坤宁宫为中心，东西六宫为两翼，布局严谨有序。故宫的四个城角都有精巧玲珑的角楼，建造精巧美观。宫城周围环绕着高约10米、长约3400米的宫墙，墙外有52米宽的护城河。

故宫里最吸引人的建筑是三大殿：太和殿、中和殿、保和

故宫里一座座宫殿犹如壁垒般森严、巍峨壮观。同时，故宫也是世界上规模最大、最完整的古代木结构宫殿建筑群，中国最大的历史博物馆。

INFORMATION

Location | 地理位置

位于北京市中心、天安门广场北1千米处、景山南门对面。

Climate | 气候特征

属暖温带大陆性季风气候区，四季分明，春秋短暂、冬夏漫长。年平均气温为11.7℃，年平均降水量为640毫米。

Best Choice | 最佳推介

时间：4月下旬～6月上旬、8月下旬～11月底

心情：仰慕与惊奇

旅伴：家人或朋友

太和殿是明清两朝皇帝举行朝政大典的重要场所，采用了中国古代建筑中最高的等级，皇权的至高无上这里得到了充分体现。

殿。它们都建在汉白玉砌成的8米高的台基上，远望犹如神话中的琼宫仙阙。这是故宫的前半部，建筑形象是严肃、庄严、壮丽、雄伟，以象征皇帝的至高无上。故宫外朝，宏伟壮丽，庭院明朗开阔，象征封建政权至高无上。

太和殿是中国帝制权力的象征，不仅面积是紫禁城诸殿中最大的一座，而且形制也是最高规格，俗称“金銮殿”，在故宫的中心部位。室内正中放置金漆雕龙宝座，前有造型美观的仙鹤、炉、鼎，后面有精雕细刻的围屏，两侧有6根蟠龙金柱，每根柱上用沥粉贴金工艺绘出一条巨龙，腾云驾雾，神采飞动，整座殿堂显得庄严肃穆、富丽堂皇。太和殿红墙黄瓦、朱楹金扉，在阳光下金碧辉煌，是故宫最壮观的建筑，也是中国最大的木构殿宇。

故宫内廷富有生活气息，庭院深邃，建筑紧凑，因此东西六宫都自成一体，各有宫门宫墙，相对排列，秩序井然，再配以宫灯联对，绣榻几床，都是体现适应豪华生活需要的布置。内廷之后是宫后苑。后苑里有岁寒不凋的苍松翠柏，有秀石叠砌的玲珑假山，楼、阁、亭、榭掩映其间，幽美而恬静。行走其间，有苏州花园之感，犹如一幅幅写意的中国画。

乾清宫是明代的14个皇帝和清代的顺治、康熙两个皇帝的寝宫。他们在这里居住并处理日常政务。乾清宫正殿悬挂着“正大光明”巨匾。这4个大字是清代顺治御笔亲书的。

坤宁宫在明代是皇后的寝宫。清代，按满族的习俗把坤宁

宫西端四间改造为祭神的场所，每天早晚都有祭神活动。凡是大祭的日子和每月初一、十五，皇帝、皇后都亲自祭神。坤宁宫的东端两间是皇帝大婚时的洞房。房内墙壁饰以红漆，顶棚高悬双喜宫灯。洞房有东西二门，西门里和东门外的木影壁内外，都饰以金漆双喜大字，有“出门见喜”之意。现在洞房内的装修和陈设，是光绪皇帝大婚时布置的原状。在坤宁宫北面的是御花园。御花园里有高耸的松柏、珍贵的花木、山石和亭阁，尤其是名为“万春亭”和“千秋亭”的两座亭子，可以说是目前保存的古亭中最华丽的了。

在故宫建筑中，不同形式的屋顶就有10种以上，显得丰富多样而不呆板。故宫建筑屋顶满铺各色琉璃瓦件，主要殿座以黄色为主，绿色用于皇子居住区的建筑，其他蓝、紫、黑、翠以及孔雀绿、宝石蓝等五色缤纷的琉璃，多用在花园或琉璃壁上。

如果要在中国的土地上找一个代表性建筑，那就是故宫，华丽不失庄重，肃穆不失神采。而如果要为中国上下五千年的历史寻找一个象征，那么还是故宫。曾经的辉煌，曾经的喧嚣都能在那里找到注解，其实故宫是一个谜，等待着你去破解。

雪后的故宫，让人在静寂中感受到了它的神秘与森严。

Budalagong

净化心灵的圣地

布达拉宫

选择它的理由  

布达拉宫依山垒砌，群楼重叠，殿宇嵯峨，气势雄伟，有横空出世、气贯苍穹之势，体现了藏族古建筑迷人的特色。布达拉宫是藏式建筑的杰出代表，也是中华民族古建筑的精华之作。宫宇叠砌，迂回曲折，同山体有机地融合，这是布达拉宫给人最为直接的感受。

曾经有人讨论，什么地方是人这一辈子最应该去的。答案是，没有什么地方是人最应该去的，但布达拉宫却是人最需要去

的，因为那是净化心灵的圣地。

布达拉宫坐落于中国西南部西藏自治区拉萨市市中心的红山上，是一座规模宏大的宫堡式建筑群。整座宫殿具有鲜明的藏式风格，依山而建，气势雄伟。宫中还收藏了无数的珍宝，堪称是一座艺术的殿堂。“布达拉”或译“普陀珞珈”，都是梵语的音译，原指观世音菩萨所居之岛。

7世纪吐蕃松赞干布与唐文成公主联姻，乃建此宫而居，当时并不叫布达拉宫，而是因地处红山而命名为“红山宫”。后两次毁于天灾、战乱。1645年，五世达赖喇嘛进行扩建，历时半个世纪始具规模。布达拉宫的主体建筑包括白宫、红宫以及周边与之相搭配的各种建筑。以白宫为主体的建筑群建成于1648年，建筑坐北朝南共7层。白宫横贯两翼，有各种殿堂长廊，摆设精美，布置华丽，墙上绘有与佛教有关的绘画，多出名家之手。红宫位于布达拉宫的中部，以红宫为主体的建筑群竣工于1694年，共6层，这里是供奉历代达赖喇嘛灵塔以及进行各种宗教活动的场所。其中供奉许多佛像，有松赞干布像、文成公主和赤尊公主像数千尊，黄金珍宝嵌间，配以彩色壁画，金碧辉煌。此外，布达拉宫还包括有山上的僧官学校、僧舍、东西庭院以及山下的雪老城、西藏地方政府马基康、印经院、监狱、马厩、布达拉宫后园、龙王潭等附属建筑。整个建筑群布局严谨，错落有致，体现了西藏建

布达拉宫外景

INFORMATION

Location 地理位置

位于拉萨市西北的红山上，是藏族古建筑艺术的杰出代表，占地3600余平方千米。

Climate 气候特征

属大陆性高原气候，太阳辐射强，日照时间长，年平均达3300小时，高原紫外线强烈。

Best Choice 最佳推介

时间：春夏秋季

心情：怡然自得

旅伴：单身上路

从远处的大昭寺眺望，布达拉宫更显得庄严神圣。

筑工匠的高超技艺。布达拉宫过去曾是西藏政教合一的政权中心，每逢节日活动，宫门挤满信仰藏传佛教的各民族佛教徒，成为著名佛教圣地。

布达拉宫依山垒砌，群楼重叠，殿宇嵯峨，气势雄伟，有横空出世、气贯苍穹之势，体现了藏族古建筑迷人的特色。布达拉宫过去曾是藏式建筑的杰出代表，也是中华民族古建筑的精华之作。宫宇叠砌，迂回曲折，同山体有机地融合，这是布达拉宫给人最为直接的感受。

作为藏传佛教的圣地，每年到布达拉宫的朝圣者及旅游观光客总是不计其数。在半山腰上，是历代达赖观赏歌舞的场所，名为“德阳厦”。由此扶梯而上经达松格廓廊道，便到了白宫最大的宫殿东大殿。有史料记载，自1653年清朝顺治皇帝以金册、金印敕封五世达赖起，达赖转世都须得到中央政府正式册封，并由驻藏大臣为其主持坐床、亲政等仪式。此处就是历代达赖兴行坐床、亲政大典等重大宗教、政治活动的场所。

布达拉宫所有宫殿、佛堂和走廊的墙壁上，都绘满了壁画，周围还有各种浮雕。壁画和雕塑大都绚丽多彩，具有较高的历史和艺术价值。宫内收藏了大量文物珍宝，有各式唐卡（佛教卷轴画）近万幅，金质、银质、玉石、木雕、泥塑的各类佛像数以万计。其中的贝叶经《时轮注疏》、释迦牟尼指骨舍利、清朝皇帝御赐的金册金印等都堪称稀世珍宝。

在丰富的藏品中，最重要的是安放历代达赖喇嘛遗体的灵塔。从五世到十三世，除了被革除教职的六世外，其余8位都建造了奢华的灵塔。外间设佛龛，供千手千眼观音像。由此，人们可以深切感受到布达拉宫的文化魅力以及深厚的文化底蕴。

正如前人所说，这里是净化心灵的圣地，伫立在雪域圣光下的布达拉不只是“神圣”二字可以形容的，它更像一种心灵可以朝拜的方向。

布达拉宫下的经幡

不可不看的地方

look

世袭殿（冲热拉康）：

从后山进入布达拉宫见到的第一座大殿。达赖世袭殿主供佛为金质释迦牟尼像和银质五世达赖像。气势宏伟壮观，印象深刻。在这里，能够深切感受藏族人对自己宗教信仰的虔诚和在这些宝物里所蕴含的智慧。

look

达扎路恭纪功碑：

是研究吐蕃奴隶制社会和吐蕃地方政权与唐朝中央政权关系史的重要文物，位于拉萨市布达拉宫前公路南侧一个黄色围墙的小院内。它是历史的见证，矗立在那里静静地向游客展示这里的文化。

Dujiangyan

滋养生命的桃花源

都江堰

选择它的理由  

古人云："仁者乐山，智者乐水"，众多美丽的地方有的以山色取胜，有的以水色撩人，唯独在这里，水与山相互辉映，相映成趣。水是岷江的水，而山则是青城的山，更有那千年的古堰锦上添花。

都江堰是一本倾注风雨的书，需要怀着凝重的心情仔细拜读，都江堰似人间天堂，游览之余，不禁要产生向天叩拜的冲动。世界上名山大川众多，但自然景观与人文历史相得益彰，既

可以寄托心灵，又可以滋养生命的桃花源，现在看来，全世界只有一个，那就是都江堰。

古人云：“仁者乐山，智者乐水。”众多美丽的地方有的以山色取胜，有的以水色撩人，唯独在这里，水与山相互辉映，相映成趣。水是岷江的水，而山则是青城的山，更有那千年的古堰锦上添花。

都江堰之水从雪山之上汹涌而来，到都江堰鱼嘴后被逐渐一分为六。6条河从都江堰穿城而过，河水清澈透明，河水仿佛一台巨大无比的空调，给都江堰城区带来了“冬无严寒，夏无酷暑”的美好享受，河水流过之处，青翠的柳枝任风摆动，火红的灯笼随风摇曳。当夜幕降临，河两岸灯火通明，晶莹剔透、古香古色的建筑在灯光下摇曳；灯火在小桥流水之间辗转；在或明或暗之间，是潺潺的水流声；大水车咿呀咿呀，娓娓诉说着古堰的万种风情……夜色中的都江堰流光溢彩，充满无穷想象与活力，它可以让你静下心来，在夜色中尽情回忆前尘旧事。

最能领略都江堰风情的是宝瓶口上的“伏龙观”，此处有一凉亭，可以饱览内江和分流渠水。从大地深处涌来许多颤动，天地间回荡着轰响，如沉闷的山崩，如狂骤的海啸，那巨大的力量，似乎没有什么能够阻挡。顺着声响，只见那滔滔江水从凿开的巨大的山门——宝瓶口涌入通向蜀中农田的水渠。迷雾里，江水滚滚，轰鸣着、咆哮着，按着2000多年前给它设定好的走向，顺服地流淌下去。天是白的，山是白的，水也是白的，只有这都

不可不看的地方

look 1 **飞沙堰：**

“泄洪道”具有泄洪排沙的显著功能，故又叫它“飞沙堰”。飞沙堰是都江堰三大件之一，是确保成都平原不受水灾的关键要害。

look 2 **宝瓶口：**

宝瓶口起“节制闸”作用，能自动控制内江进水量，是湔山（今名灌口山、玉垒山）伸向岷江的长脊上凿开的一个口子。它是人工凿成控制内江进水的咽喉，因它形似瓶口而功能奇特，故名“宝瓶口”。

INFORMATION

Location | 地理位置

都江堰在四川都江堰城西，建于公元前256年，是全世界迄今为止，年代最久、唯一留存、以无坝引水为特征的宏大水利工程。

Climate | 气候特征

属亚热带季风气候，具有多云雾、日照时间短、春早、夏热、秋凉、冬暖的特点，年平均气温为16℃，年降水量1000毫米左右。

Best Choice | 最佳推介

时间：都江堰景区气候宜人，全年都适合旅游

心情：景仰感恩

旅伴：家人

江堰，凝重地横跨在那里。安澜索桥横贯在奔腾的河上，让人竟有了无比渺小的感觉。眺望整个工程，从那隐约的影像里，从那河水奔流的感觉中，更可以感受着这项工程的雄伟和壮丽，感受着历史的丰厚和岁月的沧桑。

饮水思源，使川西平原成为“水旱从人”的天府之国，是李冰父子的功劳。李冰，战国时期的军事家兼科学家。公元前256年，由秦国派驻古代蜀地任郡守。他在任期间，体察民情，为免除岷江水灾，跋山涉水、考察实情，研究治水的方法，率众修筑了这举世无双的都江堰。

都江堰工程的运行机制，不是在江中筑坝分流的引水工程，而是在江中顺水作堰，利用河道河岸的地形和流体力学原理自动控制引水量、泄洪和排沙。工程除了庞大的水网河渠之外，主要由渠首的鱼嘴分水堤、飞沙堰溢洪道和宝瓶口三大部分组成。鱼嘴分水堤的功能是从江中分流出一部分江水到内江，在江中离堆那里打开一道20多米的引水口——宝瓶口，引入江水进入水网，其余的江水仍回到岷江，而

直到现在，内江截流工程仍采用2000多年前李冰发明的古法。十几个杩槎矗立在江水中，与竹笼装着的卵石筑成堤坝迫使江水改道。

引水流量则是靠飞沙堰的高低来控制。当发洪水时，由于河道弯曲，水流受离心作用对宝瓶口的冲击减缓，自动控制水量。都江堰充分利用自然资源为人类服务，变害为利，人、地、水三者高度协调统一。

岷江水不管是轻歌曼舞，还是奔流汹涌，通过宝瓶口便悠扬地分流到成都平原，灌溉万顷良田，而沙石则通过飞沙堰泄出。诸葛亮在《隆中对》中说："益州险塞，沃野千里，天府之土，高祖因之以称帝业。"都江堰除却造福百姓，更成就了无数英雄豪杰的雄才大略。

都江堰是当今世界现存年代最久、唯一以无坝引水为特征的古代水利系统工程。为了纪念李冰，每年都江堰都要举行"祀水"，一年一度，世代相传。余秋雨曾说："问道青城山，拜水都江堰。"如果你来得正是时候，可以欣赏这充满远古风情的拜水祭祀。

这滋养生命的桃花源，生生不息，流入人的生命，让人类体会感激，体会知足。

安澜桥原桥以竹为缆，木桩为墩，承托铁索，上铺木板，旁设栏索，是中国最长的古代索桥。

Suzhouyuanlin

滋养生命的桃花源

苏州园林

选择它的理由

苏州园林需要你认真地品味，在繁华喧嚣的背后，是空灵，是宁静，是平和。园林的真意在于意境，园林内的一亭一景、一草一木，莫不精心构建，在四时风月下自有不同韵味。苏州园林代表了一种生活理想，这里是诗意的栖居地。

如果说杭州是由越剧和诗词文化用西湖水泡制的一杯龙井茶，那么苏州的园林文化就绣成了一幅立体的中国山水画，几许写意就浸醉了中国千余年的历史。

苏州给予人的印象总是淡雅。那些小巷、深宅，那些小桥、流水……好似总在烟雨中，古旧而迷离，自成一幅淡雅玲珑的水墨画。苏州既有山水之胜，又因园林而独具神韵，有“江南园林甲天下，苏州园林甲江南”的美称。至今仍保留完好的古典园林在苏州市内随处可见，苏州古典园林的历史绵延2000余年，可上溯至公元前6世纪春秋时期吴王的园囿，而私家园林最早见于记载的是东晋的辟疆园。尔后历代造园兴盛，名园日多。明清时期，苏州成为中国最繁华的地区，私家园林遍布古城内外。

苏州的古典园林宅园合一，可赏，可游，可居。沧浪亭、狮子林、拙政园和留园被称为苏州“四大名园”，另外网师园也颇负盛名。拙政园是苏州最大的一处园林，享有“江南名园精华”的盛誉，是苏州园林的代表作。留园最是华美，园内建筑的数量居苏州诸园之冠，其在空间上的突出处理，充分体现了古代园林设计师的高超技艺和卓越智慧。每个来到这里的人都能找到自己钟爱的园子，没有理由的钟爱，就那么被征服了。

可以说苏州园林是城市中充满自然意趣的“城市山林”，久居闹市，一进入园林，便可享受到“山水林泉之乐”。这是一个

退思园是中国少有的贴水园建筑，全园简朴典雅，水面过半，建筑紧贴水面。

INFORMATION

Location 地理位置

苏州位于长江三角洲中部，东邻上海，西傍无锡，南接浙江，北依长江，面积8488.42平方千米。

Climate 气候特征

属北亚热带季风气候，气候温和、湿润，雨量充沛，一年四季分明。

Best Choice 最佳推介

时间：春日

心情：闲适安静

旅伴：爱人

浓缩的“自然界”，“一勺代水，一拳代山”，小小的园内就可拥有四季晨昏变化，春秋草木枯荣。

苏州园林的建筑者以画为本，以诗为题，通过凿池堆山、栽花种树等各种艺术手法，独具匠心地创造出丰富多样的景致，犹如“无声的诗，立体的画”。畅游于园中，一边品诗，一边赏画，或见“庭院深深深几许”，或见“柳暗花明又一村”，或见小桥流水、粉墙黛瓦，或见曲径通幽、峰回路转，或是步移景易、变幻无穷。至于那些形式各异、图案精致的花窗，那些如锦缎般的在脚下迂伸不尽的铺路，那些似不经意散落在各个墙角的小品，抽象的理趣、禅意、书法、暗香，具体的石头、荷花、修竹、屋宇、水榭，看起来浑然一体，不由得想到，如果家在这里面就好了。

耦园一隅。因该园住宅居中，有东、西两个花园，故名耦园。

苏州园林小处随意而精致，诸如那些匾额、楹联之类的诗文题刻，有以清幽的荷香自喻人品的，如拙政园“远香堂”；有以清雅的香草自喻性情高洁的，如拙政园“香洲”；有追慕古人似小船自由漂荡怡然自得的，如怡园“画舫斋”；还有表现园主企慕恬淡的田园生活的网师园“真意”、留园“小桃源”等，不一而足。这些充满着书卷气的诗文题刻与园内的建筑、山水、花木自然和谐地糅合在一起，使园林的一山一水、一草一木均能产生出深远的意境，苏州的园林就像已经达到最高境界的散文。

狮子林多假山。园中景致映于假山洞口，宛如一幅和谐绝妙的画面。

苏州的园林需要你认真地品味，在繁华喧嚣的背后，是空灵、是宁静、是平和。园林的真意在于意境，园林内的一亭一景、一草一木，莫不精心构建，在四时风月下自有不同的韵味。

苏州园林代表了一种生活理想，这里是诗意的栖居。

不可不看的地方

look

沧浪亭：

位于苏州市城南三元坊内，是苏州最古老的一所园林。占地面积10800平方米。沧浪亭主要景区以山林为核心，四周环列建筑，亭及依山起伏的长廊，又利用园外的水画，通过复廊上的漏窗渗透作用，沟通园内、外的山、水，使水面、池岸、假山、亭榭融成一体。

look

拙政园：

位于苏州市娄门内东北街178号，是江南园林的代表，也是苏州园林中面积最大的古典山水园林，因其山岛、竹坞、松岗、曲水之趣，被誉为“天下园林之母”。

Longmenshiku

在信仰与人欲之间

龙门石窟

选择它的理由  

龙门石窟这些洋溢着信仰情感的文化遗产，遗响千载，留给我们的不仅仅只是雕塑的精致与美丽，更多是百姓对现实世界的祈愿。穿行在龙门，内心自然被荡涤，那些千年无言的雕塑也在雕刻着我们的内心。

玉带般的伊河从天边处劈开两山，水流平缓从容，水面宽阔清澈，杨柳夹岸拂风，伊河两岸有一首石头雕刻的龙门石窟。郁

郁葱葱的龙门山尖让人惊叹北方也有如此秀美的山峦，而此处称之为龙门是隋炀帝的功劳，他率大臣在山前一转，灵感一来，就把伊阙改龙门，于是才有了龙门石窟。

龙门石窟这些洋溢着信仰情感的文化遗产，留给我们的不仅仅只是雕塑的精致与美丽，更多是百姓对现实世界的祈愿。穿行在龙门，内心自然被荡涤，那些千年无言的雕塑也在雕刻着我们的内心。

在那富足的朝代，百姓的情绪缓和安定，龙门石窟更好地渲染了这种满足和安乐。始于北魏、巅峰于盛唐的龙门石窟，现存石窟1300多个，佛洞、佛龛2345个，佛塔50多座，佛像10万多尊。其中最大的佛像高达17.14米，最小的仅有2厘米，与山西大同云冈石窟的造像相比，更富有想象，更柔美端庄，凝神片刻好像那魏唐时期在雕刻的人重生了。

龙门石窟需要慢慢欣赏，最好是沿着伊河边长达1000米的青石路面缓缓而行，一步一景，步步有惊喜。大大小小，姿态神情各异、面目栩栩如生的佛龛密布于整个崖壁之上，佛像或立或卧，或行或飞，或舞或歌，或喜或嗔，不由你惊叹其鬼斧神工。不过也会扼腕叹息，许多精美的佛像头部都不完整，很多都成了外国博物馆的藏品。再精美的艺术都难抵千百年的沧桑，曾经圆润的肌肤渐遭风化腐蚀，露出了岁月的痕迹。

龙门石窟中最庄严的自然要数奉先寺，这是最具有代表性的唐窟，规模之大，在龙门石窟中称第一。武则天还自己出资，让石

龙门石窟内的塑像造型各异，姿态万千。

INFORMATION

Location | 地理位置

位于河南洛阳城南约12千米处。

Climate | 气候特征

属大陆性气候，春季干旱，夏热多雨，秋季温和，冬季寒冷。年均气温14.86℃，年均降水量578.2毫米。

Best Choice | 最佳推介

时间：春、秋两季

心情：安静祥和

旅伴：家人

不可不看的地方

look

莲花洞：

进窟抬头便能看到一朵异常精美的大莲花——莲花洞因此而得名，围绕着莲花的飞天线条简洁优美。南壁上方有高仅2厘米的小千佛，刻工精细，造型生动，观之忽有忽无，亦真亦幻。

look

万佛洞：

洞中刻像丰富，南北石壁上刻满了小佛像，进入该窟简直是进入了佛的世界，很多佛像仅几厘米高，共计有15000尊。

Take My Tips!

匠按照她的模样塑造了卢舍那大佛。卢舍那大佛仁慈、温暖、宽容、智慧、悲悯的面庞，让所有爬上台阶的人，在平定喘息抬眼的刹那间，有被击中的感觉。那俯视大千世界的慈悲目光，那轻浅得不可思议的微笑，那阅尽人间寒暑冷暖、永远温柔亲切的面相和胸怀，仿佛有着无穷的魔力，每个人内心最美好的菩提心，都会被呼唤、震动，乃至淡淡地苏醒。千百年前的工匠在这些佛像上寄托了什么呢？卢舍那大佛的微笑是对这千年沧桑的包容吧。

龙门石刻最美的地方应数莲花洞，洞顶的藻井是一大朵很精美的莲花，配合石洞内残缺的雕饰、斑驳的地面以及昏暗的光线，硕大的莲花显得异常完整、精致、美丽并且遥不可及。一尊观音像左手轻提净瓶，右手持拂尘悄洒肩后，仪态万方，冉冉而来，仙衣飘动，裙带当风，说不出的妩媚韵致。

万佛洞是专为唐高宗、武则天做“功德”而开凿的功德窟，因窟内南北两壁所雕15000尊小坐佛而得名。正壁主尊阿弥陀佛高约4米，头饰波状发髻，面相丰满圆润，神情安详肃穆。后壁刻着54枝莲花，每枝莲花上各坐一尊菩萨或供养人，构思新颖奇特。南北两壁壁基雕有多尊伎乐人和舞者。它的整个布局，无不显示出大唐帝国的雄风，久远的盛世留给我们的可能只有这些余韵，不过也值得我们去体味那时佛与世俗的暧昧。

要想把龙门石窟这些巧夺天工、井然有序的佛像全部、仔细看一遍，一两天时间可不够，在那居住一段时间，更能体会龙门石窟的魅力。

Yungangshiku

飞翔的石雕

云冈石窟

选择它的理由  

与龙门石窟相比，云冈石窟可能少了些许精致，但是那正是它的特色。好似一位行者历经了沧桑，依然没有停歇，只是暂时休息一下，来给你说说故事，不值得倾听吗?

欣赏雕塑其实更多是听雕塑家的诉说，出色的雕塑家能把你带进他的世界，几笔几刀，故事就出来了。云冈石窟的故事会是什么样的?

武周山坐北朝南，山清水秀，可以说是“藏风得水”的好地方，也是北魏皇帝祈福的“神山”。在这里，皇帝遥拜北方，祈求神灵保佑江山社稷。云冈石窟就开凿在武周山北崖上，始建于北魏建都平城（今大同）的时代，由佛教高僧昙曜奉旨开凿，

第13窟中的交脚弥勒佛像高12米多，端坐于正中，在其右臂与腿之间雕有一托臂力士像，非常特别，为云冈石窟中仅有的一例。

距今已有1500多年的历史，现存主要洞窟53个，大小造像51000多尊。北魏著名地理学家郦道元在《水经注》中，记录了当年云冈石窟的壮景："凿石开山，因岩结构，真容巨壮，世法所希。山堂水殿，烟寺相望，林渊锦镜，缀目所眺。"

纵观云冈，在这绵延1千米的石窟中，雕像大至十几米，小至几厘米，石雕满目，蔚为壮观。他们的形态各异，神采动人。雕像或居中正坐，栩栩如生，或击鼓或敲钟，或手捧短笛或载歌载舞，或怀抱琵琶，细看还有些异国色彩。因为当时波斯人也来协助开凿云冈石窟，佛像上就留下了独特的斧痕，不过，云冈石窟是石窟艺术中国化的开始，出现了中国建筑式的佛龛。

云冈石窟是按数字编号的，最为精巧的一窟是第六窟，被称作"第一伟窟"，代表了北魏石窟艺术的最高境界。走进窟门，清凉的感觉扑面而来，接着就是心灵的震撼，你的四周，整个被佛像、菩萨、罗汉、飞天、鸟兽、花卉所包围。从头顶到脚边，富丽堂皇，千姿百态，没有一处空白，不给你任何呼吸的空间。你被淹没，淹没在1000多年前的雕刻、绘画的海洋中。那么多讯息在眼前纷乱闪过，时光隧道的那一头，手持凿锤刻刀的人们齐声诉说。有些声音，的确可以穿越时光。他们的声音留在这些雕像的浅笑、花蔓的卷曲上，大得让人想要捂住耳朵。

第六窟中还有一独特之处，童心依旧的人肯定无比喜欢，这里用30多幅浮雕讲述了释迦牟尼从诞生前到鹿野苑的故事，就像连环画一般，画中小鹿们的微笑放在今天一定是世界级的卡通代表。

第五窟是与第六窟是同时开凿的，两窟之间的石壁，无一寸不被雕刻，最薄的地方只有2厘米。稍一用力，就会刻穿甚至刻垮。然而古人的匠心让一切都没有发生，精美壮观的两面雕刻，就在脆弱的薄壁上站立了千年之久而且还是一步一世界，一眼一莲花。第五窟中的释迦牟尼佛高达17米，为云冈石窟中的第一大佛像，大佛的双腿长达15.5米，膝上可容纳120人，一只脚上可站立12人。释迦牟尼佛面部轮廓清晰，白毫点朱，细眉长目，鼻准方直，双耳垂肩，身着褒衣博带，通肩架裳，端庄、肃穆，并未给人高高在上之感，倒像一位慈祥的老者。

云冈石窟最大的洞窟为第三窟，崖面高25米，开窟面宽50米，因工程浩大，北魏一代未能完工，后室的3尊大像高约10米，已属唐代作品，据专家考证，第三窟便是文献记载的“通乐寺”“灵岩寺”，当时可居僧人达3000人。抚摸石壁，遥望对面的佛像，空旷冷清，除却了众多僧人，反而更有佛家之意，更能领会佛家之旨。

除了精美，云冈石窟还有一种风格——雄健。毕竟石窟最初是北魏鲜卑族的拓跋氏开凿的皇家石窟，鲜卑族长年马背上征战，也使云冈石窟多了份金戈铁马的刚毅勇武。昙曜五窟的高大雄伟，气度非凡的佛像，正是北魏5位帝王的化身造像，个个都眉目宽大，面庞方正，身躯健壮有力，线条简洁，有的还有两撇胡须。其中拓跋焘的造像最为特别，身披千佛袈裟站立，面有忏悔之色，据说千佛衣是为了赎罪，因为他主持过灭佛运动，到晚年又表示了忏悔。

与龙门石窟相比，云冈石窟可能少了些许精致，但是那正是它的特色。好似一位行者历经了沧桑，依然没有停歇，只是暂时休息一下，来给你说说故事，不值得倾听吗？

云冈第5窟，又名佛洞。洞门左侧，雕着一棵菩提树，树下雕有两尊对坐的佛像，二者都仿佛沉浸在思索之中。

INFORMATION

Location | 地理位置

云冈石窟位于中国北部山西省大同市以西16千米处的武周山南麓。

Climate | 气候特征

属大陆性季风气候，年平均气温为了6.5℃，夏季气候凉爽宜人。

Best Choice | 最佳推介

时间：6～10月

心情：安静与悠闲

旅伴：三五好友

雕刀刻下最后的辉煌

大足石刻

选择它的理由

大足石刻是刻在石头上的故事，就像连环画一样给我们讲述着人生百态，讲述着世间万事。石刻可以晓之以理，动之以情，诱之以福乐，威之以祸苦。观者若能有所感触，也就不虚此行了。

石头是会讲故事的，千年而过，大足石刻静静地在那里讲述这千年来的故事，讲给经过它的人听，只需经过，故事就会跟你一起走。

大足石刻位于重庆大足县内，唐永徽元年开凿，最鼎盛时期为宋代。早期石刻完全是摩崖造像。如宝顶山大佛湾造像长达500米，全都裸露在外，与山崖连成一片，气势磅礴，给人一种强烈的视觉冲击，宛若一处大型的佛教胜地。而北山摩崖造像近万尊，从南到北形状若新月，龛窟如蜂房，层层叠叠，绵延不尽。

石窟多为佛教或道教题材，而大足石刻却有浓厚的世俗气息，淳朴的生活氛围弥漫在雕塑中，中国古代儒家之道，道家之义，都体现在了刀刀刻工之中。

大足石刻的人物大多文静温和，衣饰华丽，身少裸露；美而不妖，丽而不娇。造像中，无论是佛、菩萨，还是罗汉、金刚以及各种侍者像，都颇似现实中各类人物的真实写照。无论王公大臣、官绅士庶、渔樵耕读，各阶层人物皆栩栩如生，呼之欲出。社会生活场面都雕浮在石崖之上，为我们展开了一幅12至13世纪中叶的民间风俗画卷。

大足石刻是刻在石头上的故事，就像连环画一样给我们讲述着人生百态，讲述着世间万事。石刻可以晓之以理，动之以情，诱之以福乐，威之以祸苦。观者若能有所感触，也就不虚此行了。

大足石刻群雕平静地讲述着世间之事。如父母恩重经变像的石刻如电影片段似的展现了父母为子女操劳忧心的情景，从怀胎守护，到痛苦生产；从辛苦把尿，到为儿洗衣；从送儿离家，到为儿婚配，以至“百岁唯忧八十儿”，形象生动，感人肺腑。在地狱的群雕中，居然有一位温柔恬静的少女，那甜蜜的笑容，可

不可不看的地方

look

北山石刻：

以佛湾造像最为集中，共编290号龛窟。佛湾佛像雕刻精细，体态俊逸，风格独特。“心神车窟”中的“普贤菩萨”造像精美，被誉为“东方维纳斯”。

look

宝顶山石刻：

距大足县城东北15千米，历时70多年，石刻共13处，造像数以万计，气势磅礴，宛如一卷镌刻在500多米的崖壁上的连环图画，宝顶山是佛教圣地之一，有“上朝峨眉、下朝宝顶”之说。

INFORMATION

Location 地理位置

位于中国西南部重庆市的大足县境内，在四川盆地东南，西距成都271千米，东去重庆70千米。大足石刻群有石刻造像70多处，总计10万多尊，雕像5万余尊，铭文10万余字，是中国晚期石窟造像艺术的典范。

Climate 气候特征

属亚热带季风性湿润气候，冬暖夏热，年平均气温在18℃左右。冬季最低气温平均在6～8℃，夏季最高气温平均在27～29℃。

Best Choice 最佳推介

时间：四季均可

心情：平和虔诚

旅伴：好友

亲可爱，所以被称为“东方的蒙娜丽莎”，还被印到了邮票上。那一组组雕塑已经把你的一生融进去，不由得你也进入这石头所讲的故事中了。

大足石刻中最大的一尊造像是宝顶卧佛，全长达500米。别处卧佛皆为全身像，唯有这尊是半身，整个雕刻全在石壁上刻就，首尾俱隐入旁边侍立的群雕中，只剩一截短短的佛身，彰显了更为广阔的境像，于有限中想象无限。大足民间对宝顶山卧佛有“身在大足，手摸巴县，脚踏泸州”的说法，更说明了其艺术魅力。卧佛面前从地里涌出十八弟子皆做悲痛状，但又个个稍异，看着不禁就能找到自己伤心时的影子。

卧佛只是大足石刻的冰山一角，六道轮回图、千手观音、广大宝楼阁、华严三圣像、孔雀明王经变相、毗卢道场……期待着你的前往，相信你会有陡然的醒悟。

宝顶山大佛湾第17号大方便佛报恩经变相

六道轮回像。六道即指地狱、饿鬼、畜生、阿修罗、人间、天上等六种世界。轮回则是于六道中受生死轮回之苦。

人一生要去的

100个地方·中国篇

选题策划：

策划编辑：高霁月

责任编辑：崔保华

特约编辑：黄双红　高霁月

美术编辑：罗小玲　张鹤飞　于　蕾

封面设计：夏　鹏　韩少杰

版式设计：孙阳阳

文稿撰写：邢　晔

图片提供：北京全景视觉网络科技有限公司
华盖创意图像技术有限公司
IMAGINECHINA
FOTOE PHOTOCOME

出发，让脚步追上理想